COMO LO VE BILL

Como lo ve Bill

**La manera de vivir de A.A.
escritos seleccionados
del co-fundador de A.A.**

Alcoholics Anonymous® World Services Inc., New York

COMO LO VE BILL

Esta literatura está aprobada por la
Conferencia de Servicios Generales de A.A.

ISBN 978-0-916856-54-0
Impreso en E.U.A.

www.aa.org

Prólogo

En este volumen aparecen varios centenares de extractos de nuestra literatura que tratan de casi todo aspecto de nuestra manera de vivir de A.A. Se cree que este material puede ser de ayuda para la meditación individual y servir como estímulo para las discusiones de grupo, y además puede conducir a una lectura aun más amplia de nuestra literatura.

Durante los pasados 25 años, he tenido el privilegio de escribir los siguientes libros acerca de A.A.: el texto de *Alcohólicos Anónimos, Doce Pasos y Doce Tradiciones, Alcohólicos Anónimos Llega a su Mayoría de Edad,* y *Los Doce Conceptos Para el Servicio Mundial,* este último como parte de nuestro *Manual del Tercer Legado.** Muchos artículos han sido escritos para nuestra revista mensual, el A.A. Grapevine, y siempre he mantenido una nutrida correspondencia personal.

Estas son las fuentes principales de las cuales se ha seleccionado el contenido de este volumen. Debido a que las citaciones se han sacado de su contexto original, ha sido necesario, en interés de la claridad, modificar y, a veces, volver a redactar algunas.**

Por supuesto, todo el material refleja mi punto de vista personal sobre la manera de vida de A.A. Tiene que tener, como tal, sus limitaciones e imperfecciones. No obstante, se puede esperar que esta nueva publicación responderá a una necesidad auténtica.

Con devoción,

Abril de 1967

Bill

El Manual del Tercer Legado ha sido revisado y su título cambiado al de *El Manual de Servicio de A.A.*

**En esta nueva edición en español (2011), todas las referencias son de las traducciones publicadas por A.A.W.S., Inc. En los casos en que los escritos todavía no han sido traducidos, se han preparado versiones para esta edición.

Guía para Lectura y Discusión

Aceptación, 6, 20, 30, 44, 49, 109, 114, 131, 138, 148, 169, 194, 254, 293

Admisión, 17, 24, 48, 65, 83, 88, 102, 111, 126, 135, 149, 164, 209, 213, 228, 231, 248, 261, 289, 305, 311, 314, 318

Agradecimiento; ver **Gratitud**

Ambición, 19, 40, 46, 131, 135, 138, 160, 185, 193, 198, 214, 235, 282

Amistad; ver **Amor**

Amor, 18, 23, 27, 37, 53, 90, 144, 172, 203, 230, 273, 294, 303

Anonimato, 43, 120, 160, 198, 241, 255, 278, 299, 316

Apadrinamiento; ver **Trabajo de Paso Doce**

Arrogancia, 33, 38, 60, 114, 139, 146, 176, 183, 199, 206, 225, 320

Atracción en lugar de Promoción; ver **Información Pública**

Autojustificación; ver **Racionalización**

B

Borrachera seca, Parranda seca; ver **Ira, Depresión, Resentimiento**

Buena Voluntad; ver **Disposición**

C

Cambio de personalidad; ver **Desarrollo**

Coartadas; ver **Racionalización**

Compulsión por beber; ver **Enfermedad**

Confianza, 144, 224, 248, 269, 303, 307, 310, 332

Controversia, 56, 59, 98, 143, 153, 215, 262, 326

Cooperación sin afiliación, 45, 113, 147, 180, 255, 267

Cordura; ver **Sano Juicio**

Culpabilidad, 11, 48, 68, 83, 92, 99, 140, 311

D

Defectos de carácter, 17, 48, 54, 80, 83, 96, 97, 103, 131, 136, 142, 196, 204, 216, 258, 281, 301, 311, 325, 327

Dependencia de la gente, 63, 72, 176, 239, 252, 265, 288, **de Dios;** ver **Poder Superior, dependencia de**

Depresión, 2, 30, 63, 92, 148, 231, 308.

Desarrollo, individual, 1, 8, 10, 12, 25, 44, 65, 76, 85, 101, 104, 115, 124, 136, 156, 157, 171, 204, 244, 264, 271, 294, 306, 327, 330; gradual y continuo, 6, 15, 59, 159, 167, 181, 191, 219, 236; en la adversidad, 3, 22, 31, 35, 49, 75, 184, 234, 266, 326. De A.A. o del grupo; ver **Progreso**

Despertar o Experiencia Espiritual, 2, 8, 85, 101, 152, 168, 171, 178, 182, 217, 225, 242, 246, 256, 281, 313

Dificultades, 3, 20, 27, 31, 35, 71, 78, 82, 110, 132, 156, 184, 200, 211, 221, 234, 250, 263, 266, 288, 291, 293, 306, 321

Dilación, 25, 322

Disposición, 4, 88, 106, 109, 115, 122, 137, 171, 211, 219, 226, 232, 321, 327, 328

Dolor; ver **Dificultades**

E

Egoísmo, 8, 227, 270, 282, 287

Enfermedad, alcoholismo como una, 4, 27, 32, 35, 45, 88, 118, 121, 130, 141, 180, 194, 217, 218, 257, 283

Enmiendas; ver **Reparaciones**

Entrega; ver **Rendición**

Envidia, 131

Excusas; ver **Racionalización**

Exito, 19, 40, 46, 165, 177, 207, 235, 254

F

Fallos; ver **Defectos de carácter**

Fariseísmo, 17, 28, 38, 107, 170, 181, 183, 274

Fe, 3, 13, 16, 23, 26, 36, 47, 51, 84, 112, 114, 117, 129, 152, 166, 188, 196, 208, 212, 219, 221, 225, 235, 260, 263, 284, 300, 310. Ver también **Poder Superior**

Felicidad, 29, 53, 57, 69, 163, 216, 218, 233, 249, 254, 298, 302, 306, 321

Frustración, 1, 22, 40, 63, 111, 131, 135, 176, 265, 320

G

Gratitud, 19, 29, 37, 67, 133, 155, 163, 165, 168, 231, 249, 253, 256, 266, 267, 303, 326

H

Honradez, 17, 20, 44, 52, 70, 74, 83, 102, 140, 141, 156, 172, 173, 205, 213, 222, 227, 238, 248, 251, 258, 270

Humildad, necesidad de la, 10, 36, 38, 40, 46, 74, 97, 106, 139, 160, 168, 199, 212, 223, 226, 244, 271, 304, 325; medios para lograr la, 2, 12, 31, 44, 83, 91, 106, 126, 149, 156, 159, 191, 211, 213, 236, 246, 248, 291, 305, 311, 316

I

Identificación, 24, 195, 212, 228, 231, 252, 257, 302, 303

Independencia; ver **Voluntad**

Inferioridad; ver **Insuficiencia**

Información Pública, 195, 255, 278, 316

Inquietud; ver **Temor**

Insuficiencia, 46, 90, 135, 140, 185, 214, 252

Intimidad, 102, 161, 299

Intolerancia; ver **Tolerancia**

Inventario, ayudas para, 10, 17, 33, 39, 80, 89, 96, 111, 132, 142, 144, 193, 205, 213, 215, 222, 248, 258, 261, 267, 270, 279, 281, 289, 296, 301, 303; valor del, 10, 12, 17, 54, 64, 65, 68, 106, 111, 140, 149, 161, 164, 173, 216, 233, 261

Ira, 5, 39, 56, 58, 98, 113, 153, 179, 184, 268, 285, 309, 320

L

Lástima de sí mismo, 138, 176, 238, 261, 268, 320

Libertad, 4, 26, 50, 55, 124, 134, 158, 191, 201, 218, 237, 273, 319

En las referencias que indican la procedencia de los extractos, se han abreviado algunos títulos: A.A. Llega a su Mayoría de Edad *(Alcohólicos Anónimos Llega a su Mayoría de Edad)*; Grapevine (el A.A. Grapevine, nuestra revista mensual); Manual de Servicio

M

Meditación, 10, 33, 93, 108, 117, 127, 150, 189, 202, 243

Mentalidad abierta, 7, 26, 87, 115, 119, 137, 152, 174, 189, 219, 247, 260, 300, 313

Miedo; ver **Temor**

Miembros de A.A., 34, 41, 62, 134, 158, 175, 186, 234, 237, 276

O

Obsesión por el alcohol; ver **Enfermedad**

Odio; ver **Ira, Resentimiento**

Oración, 20, 33, 55, 63, 78, 89, 93, 108, 117, 127, 148, 170, 189, 202, 206, 210, 243, 250, 264, 274, 286, 293, 295, 321, 329, 331

Orgullo, 12, 37, 74, 107, 118, 133, 140, 181, 261, 285, 304

P

Perdón, 52, 89, 151, 204, 268, 318

Perfeccionismo, 6, 15, 135, 167, 172, 181, 214, 308

Poder Superior, 2, 7, 13, 15, 34, 38, 51, 76, 95, 108, 116, 119, 126, 146, 150, 152, 168, 170, 175, 178, 201, 204, 219, 223, 225, 236, 263, 274, 294, 310, 313, 323, 331; ateos, agnósticos y, 7, 26, 47, 95, 126, 137, 146, 158, 174, 201, 247, 260, 276, 300, 313, 328; la obsesión alcohólica y, 2, 4, 9, 11, 16, 19, 42, 88, 114, 194, 246, 315; A.A. o el grupo como, 73, 109, 191, 276, 310, 328; dependencia de, 26, 33, 55, 66, 72, 78, 87, 93, 104, 117, 122, 129, 139, 155, 200, 206, 210, 221, 239, 249, 265, 293, 319, 329, Ver también **Fe, Oración**

Prejuicio; ver **Mentalidad abierta, Tolerancia**

Preocupaciones; ver **Temor**

Principiantes, 14, 28, 57, 62, 69, 105, 118, 123, 146, 165, 186, 190, 191, 199, 207, 209, 212, 298, 314, 331

(El Manual de Servicios de A.A.); Doce Conceptos *(Los Doce Conceptos Para el Servicio Mundial);* Doce y Doce *(Doce Pasos y Doce Tradiciones).* Los títulos de dos libros aparecen completos: *Alcohólicos Anónimos* (el Libro Grande); *A.A. Hoy en Día* (libro

Principios y personalidades, 143, 215, 224, 312

Problemas; ver **Dificultades**

Problemas económicos, 75, 84, 112, 128, 177, 205, 239, 259, 287, 290, 301, 324

Progreso, de A.A. o del grupo, 31, 50, 65, 82, 86, 115, 143, 207, 269, 326. Individual; ver **Desarrollo**

R

Racionalización, 17, 25, 39, 44, 58, 64, 80, 107, 128, 151, 160, 170, 179, 193, 197, 251, 258, 267, 270, 279, 285, 289, 296, 308

Recaídas, 11, 52, 68, 99, 154, 184, 197, 213, 214, 251, 291

Relaciones Familiares, 123, 176, 190, 230, 265, 270, 277

Religión; ver **Poder Superior**

Remordimientos; ver **Culpabilidad**

Rendición, 2, 42, 49, 60, 87, 118, 121, 135, 168, 174, 209, 217, 218, 235, 242, 245, 246, 283, 305, 314, 322

Reparaciones, 64, 70, 111, 145, 151, 187, 227, 277, 311

Resentimiento, 5, 39, 56, 58, 98, 176, 179, 268, 286

Responsabilidad; como miembro, 9, 13, 32, 50, 57, 79, 84, 125, 229, 255, 271, 290, 297, 307, 317, 319, 331, 332; como individuo, 21, 32, 84, 94, 97, 115, 123, 128, 145, 178, 202, 253, 262, 291, 292, 317. Ver también **Servicio, Trabajo de Paso Doce**

S

Sano juicio, 121, 130, 141. Ver también **Enfermedad**

Satisfacción de sí mismo, 25, 94, 96, 99, 133, 153, 159, 193, 205, 207, 226, 227, 258, 325, 327

Satisfacción inmoderada de deseos, 12, 100, 142, 330

Serenidad, 20, 36, 48, 72, 104, 117, 126, 127, 150, 173, 196, 250, 254, 261, 288, 293, 321

publicado en inglés por el Grapevine para conmemorar el 23 aniversario de A. A.). Las cartas y charlas de Bill no han sido publicadas anteriormente, con dos excepciones, de las cuales se dan referencias de su publicación.

Servicio, 13, 18, 53, 138, 147, 155, 162, 180, 183, 188, 220, 224, 244, 254, 259, 269, 273, 284, 287, 290, 297, 307, 310, 324, 332. Ver también **Responsabilidad, Trabajo de Paso Doce**

Sexo, 12, 142, 270, 277, 282

Soledad, 51, 53, 72, 90, 117, 228, 252, 302

T

Temor, 22, 43, 46, 51, 61, 75, 91, 92, 112, 154, 166, 196, 253, 261, 263, 278

Tentación de beber, 77, 121, 128, 188, 280

Tolerancia, 28, 41, 62, 113, 120, 134, 145, 147, 151, 175, 186, 203, 215, 230, 234, 268, 286, 312, 326; referente a opiniones religiosas, 34, 73, 95, 116, 158, 175, 201, 223, 276

Trabajo de Paso Doce, 18, 21, 67, 195, 304, 331; enfoques sobre, 14, 24, 69, 105, 114, 118, 146, 165, 190, 192, 199, 201, 212, 217, 237, 239, 242, 257, 275, 314, 324, 328; para nuestra propia sobriedad, 13, 29, 35, 69, 163, 192, 212, 257, 275, 298

Tranquilidad de espíritu; ver **Serenidad**

U

Unidad, 9, 50, 82, 98, 125, 143, 149, 154, 155, 162, 198, 207, 220, 229, 249, 273, 297, 302, 307, 319, 332

V

Valor, 61, 91, 129, 166, 200, 221, 253, 321

Venganza; ver **Ira**

Veteranos, 138, 169, 207, 244, 269, 307

Vida espiritual, 5, 7, 8, 27, 40, 81, 88, 95, 103, 123, 167, 177, 190, 254, 259, 280, 287, 323, 324, 330, 331

Vivir veinticuatro horas, 11, 16, 75, 89, 92, 132, 157, 233, 243, 284, 296, 308, 317

Voluntad, 4, 16, 33, 42, 47, 55, 66, 87, 88, 109, 122, 124, 139, 170, 210, 225, 232, 245, 272, 282, 283, 295, 315, 320, 328, 329

COMO LO VE BILL

1

Cambio de Personalidad

"Se dice a menudo que los A.A. nos interesamos únicamente en el alcoholismo. Esto no es cierto. Tenemos que superar la bebida para seguir viviendo. Pero todo aquel que conozca de primera mano la personalidad alcohólica sabe que ningún verdadero borracho deja de beber completamente a no ser que experimente un profundo cambio de personalidad".

* * * * *

Creíamos que las "circunstancias" nos impulsaban a beber, y cuando habíamos intentado corregir estas circunstancias, al ver que no podíamos hacerlo a nuestra plena satisfacción, empezamos a beber de forma desenfrenada y nos convertimos en alcohólicos. Nunca se nos ocurrió pensar que nosotros éramos quienes teníamos que cambiar para ajustarnos a las circunstancias, fueran cuales fueran.

1. CARTA, 1940
2. DOCE Y DOCE, pág. 44

2

En Manos de Dios

Cuando miramos hacia atrás, nos damos cuenta de que las cosas que recibimos cuando nos pusimos en manos de Dios eran mejores de lo que nos hubiésemos imaginado.

* * * * *

Mi depresión se profundizó de forma insoportable hasta que finalmente me pareció que había llegado hasta el mismo fondo. Por el momento, se aplastó el último vestigio de mi orgullosa obstinación. De pronto me encontré diciendo: "Si existe un Dios, que se manifieste. Estoy dispuesto a hacer lo que sea, cualquier cosa".

De repente la habitación se llenó de una gran luz blanca. Me pareció, con los ojos de mi mente, que estaba en una montaña y que soplaba un viento, no de aire sino de espíritu. Y luego surgió en mí la idea de que era un hombre libre. Lentamente se fue desvaneciendo el éxtasis. Estaba acostado en la cama, pero ahora durante un tiempo estaba en otro mundo, un nuevo mundo de consciencia. A mi alrededor y dentro de mí había una maravillosa sensación de Presencia, y pensé para mis adentros: "De manera que éste es el Dios de los predicadores".

1. ALCOHOLICOS ANONIMOS, pág. 100
2. A.A. LLEGA A SU MAYORIA DE EDAD, pág. 63

3

El Dolor y el Progreso

"Hace años, solía compadecer a todos los que sufrían. Ahora compadezco solamente a aquellos que sufren en la ignorancia, que no comprenden el propósito y la utilidad final del dolor".

* * * * *

Alguien que sabía de lo que hablaba comentó una vez que el dolor era la piedra de toque de todo progreso espiritual. Los A.A. estamos completamente de acuerdo con él, porque sabemos que tuvimos que pasar por los dolores que nos traía la bebida antes de lograr la sobriedad, y tuvimos que sufrir los trastornos emocionales antes de conocer la serenidad.

* * * * *

"Cree más profundamente. Levanta la cara hacia la Luz, aunque por el momento no puedas ver".

1. CARTA, 1950
2. DOCE Y DOCE, pág. 92
3. CARTA, 1950

4

¿Nos es Posible Escoger?

Nunca debemos dejarnos cegar por la vana filosofía de que no somos sino desventuradas víctimas de nuestra herencia, de nuestra experiencia y de nuestras circunstancias — que éstas son las únicas fuerzas que decidieron por nosotros. Este no es el camino hacia la libertad. Tenemos que creer que realmente podemos elegir.

* * * * *

"Como alcohólicos activos perdimos nuestra capacidad para escoger entre beber o no beber. Fuimos víctimas de una compulsión que parecía imponernos que siguiéramos con nuestra autodestrucción. "No obstante, por fin tomamos algunas decisiones que ocasionaron nuestra recuperación. Llegamos a creer que solos éramos impotentes ante el alcohol. Esta fue, sin duda, una decisión, y muy difícil. Llegamos a creer que un Poder Superior nos podría devolver el sano juicio, en cuanto estuviéramos dispuestos a practicar los Doce Pasos de A.A.

"En pocas palabras, nos decidimos a 'estar dispuestos' y nunca habíamos tomado una mejor decisión".

1. GRAPEVINE, Noviembre de 1960
2. CARTA, 1966

5

Mantenimiento y Desarrollo

Es evidente que una vida en la que hay resentimientos profundos sólo conduce a la futileza y a la infelicidad. En el grado exacto en que permitimos que esto ocurra, malgastamos unas horas que pudieron haber sido algo que valiera la pena. Pero con el alcohólico, cuya esperanza es el mantenimiento y el desarrollo de una experiencia espiritual, este asunto de los resentimientos es infinitamente grave. Porque entonces nos cerramos a la luz del espíritu. La locura del alcohol regresa y volvemos a beber; y para nosotros beber es morir.

Si íbamos a vivir, teníamos que estar libres de la ira. El mal humor y la ira repentina no eran para nosotros. La ira puede ser un dudoso lujo para personas normales, pero para los alcohólicos estas cosas son veneno.

6

¿Todo o Nada?

La aceptación y la fe pueden producir un 100 por cien de sobriedad. De hecho, lo suele hacer; y debe hacerlo, de lo contrario no tendríamos vida en absoluto. Pero en el momento en que aplicamos estas actitudes a nuestros problemas emocionales, nos damos cuenta de que sólo es posible conseguir resultados relativos. Por ejemplo, nadie puede liberarse completamente del miedo, de la ira, y del orgullo. Por lo tanto, en esta vida nunca llegaremos a conseguir nada parecido a la humildad y al amor perfectos. Así que, en cuanto a la mayoría de nuestros problemas, tendremos que contentarnos con un progreso muy gradual, interrumpido a veces por serios contratiempos. Tendremos que abandonar nuestras viejas actitudes de "todo o nada".

El Dominio del Espíritu

En la antigüedad era penosamente lento el progreso material. El espíritu moderno de indagación, investigación e inventiva científica era casi desconocido. En el dominio de lo material, la mente del hombre estaba encadenada por la superstición, la tradición y toda clase de obsesiones. Algunos de los contemporáneos de Colón consideraban como algo absurdo el que la tierra fuera redonda. Otros estuvieron a punto de dar muerte a Galileo por sus herejías astronómicas.

¿No somos algunos de nosotros tan irrazonables y estamos tan predispuestos en contra del dominio del espíritu como lo estaban los antiguos respecto al dominio de lo material?

* * * * *

Encontramos que Dios no impone condiciones muy difíciles a quienes le buscan. Para nosotros, el Reino del Espíritu es amplio, espacioso, siempre inclusivo nunca exclusivo o prohibitivo para aquellos que lo buscan con sinceridad. Nosotros creemos que está abierto a todos los seres humanos.

1. ALCOHOLICOS ANONIMOS, pág. 51
2. ALCOHOLICOS ANONIMOS, pág. 46

8

Una Vida Nueva

¿Es la sobriedad todo lo que podemos esperar tener de un despertar espiritual? No, la sobriedad no es sino el mero comienzo, no es sino la primera dádiva del primer despertar. Si hemos de recibir otras, es necesario perseverar en el despertar. Y si perseveramos, nos damos cuenta de que poco a poco podemos descartar la vieja vida —la que no funcionó— y reemplazarla por una nueva vida que puede funcionar y que funciona, sean cuales sean las circunstancias.

Sin importar la suerte que nos toque —los éxitos o los fracasos mundanos, las penas y los placeres, la enfermedad o la salud, e incluso la muerte— podemos llevar una vida de posibilidades ilimitadas si estamos dispuestos a perseverar en nuestro despertar por medio de los Doce Pasos de A.A.

9

El Grupo y la Comunidad Mundial

En el momento en que este trabajo de Paso Doce resulta en la formación de un grupo, se descubre otra cosa — que la mayoría de los individuos no pueden recuperarse a menos que exista un grupo. Se da cuenta de que el individuo no es sino una pequeña parte de una gran totalidad; que para la preservación de la Comunidad, no hay ningún sacrificio personal que sea demasiado grande. Va descubriendo que tiene que silenciar el clamor de sus deseos y ambiciones personales, cuando éstos pudieran perjudicar al grupo.

Resulta evidente que si no sobrevive el grupo, tampoco sobrevivirá el individuo.

* * * * *

"El miembro solitario marinero, el A.A. que se ha ido a la guerra en ultramar — todos estos miembros saben que pertenecen a la comunidad mundial de A.A., que su separación no es sino física, que sus compañeros pueden estar tan cerca como el siguiente puerto de escala. De altísima importancia es que tienen la certeza de que la gracia de Dios está con ellos en alta mar o en su remoto puesto fronterizo, al igual que está en su propio hogar".

1. DOCE Y DOCE, pág. 126
2. CARTA, 1966

Desde la Obscuridad

Nos valemos del autoexamen para iluminar el lado oscuro de nuestra naturaleza con una nueva visión, acción y gracia. Es un paso que dimos hacia el cultivo de esta clase de humildad que nos hace posible recibir la ayuda de Dios. Pero no es más que un solo paso. Vamos a querer ir más lejos.

Querremos que crezca y florezca lo bueno que hay en todos nosotros, incluso en los peores de nosotros. Sin duda necesitaremos aire fresco y comida en abundancia. Pero sobre todo querremos la luz del sol; hay poco que pueda crecer en la oscuridad. La meditación es nuestro paso hacia el sol.

* * * * *

"Parece que una luz clara nos baña a todos cuando abrimos los ojos. Ya que nuestra ceguera está causada por nuestros propios defectos, primero tenemos que darnos profunda cuenta de cuáles son éstos. La meditación constructiva es el primer requisito para cada nueva etapa de nuestro desarrollo espiritual".

1. DOCE Y DOCE, pág. 105
2. CARTA, 1946

11

Cantidad o Calidad

"En cuanto a este asunto de las recaídas, yo no me sentiría muy desanimado. Creo que estás sufriendo muchísimo debido a un sentimiento de culpabilidad innecesario. Por alguna que otra razón, el Señor ha dispuesto para algunos de nosotros los caminos más empinados y supongo que estás siguiendo uno de ellos. Dios no nos pide que tengamos éxito, sino solamente que tratemos de tenerlo. Sin duda, estás tratando, y has estado tratando de tenerlo. Así que no me alejaría de A.A. a causa de cualquier sentimiento de desilusión o de vergüenza. Es precisamente el lugar en donde debes estar. ¿Por qué no tratas de ser sólo un miembro? No es necesario que lleves a cuestas la totalidad de A.A.

"Lo que cuenta no es simplemente la cantidad de cosas buenas que haces, sino también la calidad.

"Sobre todo, hazlo un día a la vez".

CARTA, 1958

12

En Busca del Oro Falso

La soberbia es la que genera la mayoría de las dificultades humanas, y es el principal obstáculo al verdadero progreso. La soberbia nos hace caer en la trampa de imponer en nosotros mismos y en otra gente exigencias que no se pueden cumplir sin pervertir o abusar de los instintos que Dios nos ha dotado. Cuando la satisfacción de nuestro instinto de sexo, de seguridad y de disfrutar de la compañía de nuestros semejantes se convierte en la única meta de nuestras vidas, entonces aparece la soberbia para justificar nuestros excesos.

$$* * * * *$$

Puedo lograr la "humildad para hoy" únicamente en la medida en que evite la marisma de la culpabilidad y la rebeldía, y esa hermosa pero engañosa tierra donde se hallan desparramadas las monedas de la Soberbia. De esta manera, puedo encontrar y seguir andando por el Camino de la Humildad que se extiende entre la una y la otra. Por lo tanto, siempre es apropiado hacer un inventario que me puede indicar que me he desviado del camino.

1. DOCE Y DOCE, págs. 45-46
2. GRAPEVINE, Junio de 1961

13

El Don Compartido

A.A. es algo más que un conjunto de principios; es una sociedad de alcohólicos en acción. Debemos llevar el mensaje, pues, de no hacerlo, nosotros mismos podemos marchitarnos y aquellos a quienes no se les ha comunicado la verdad, pueden perecer.

* * * * *

La fe es mucho más que nuestra más preciada dádiva; compartirla con otros es nuestra mayor responsabilidad. Que nosotros los A.A. busquemos continuamente la sabiduría y la buena voluntad que nos permitan cumplir con la obligación que el dador de todas las dádivas perfectas nos ha encomendado.

1. MANUAL DE SERVICIO, pág. S1
2. GRAPEVINE, Abril de 1961

14

Problemas de los Principiantes

Nos vemos tentados a volvernos muy posesivos con los recién llegados. Tal vez intentemos darles consejos respecto a sus asuntos, consejos que ni estamos capacitados para dar ni debemos ofrecer en absoluto. Entonces nos sentimos dolidos y confusos cuando se rechazan nuestros consejos, o cuando se aceptan y resultan en una confusión aun mayor.

* * * * *

"No puedes hacer que un caballo beba agua si todavía prefiere cerveza, o está demasiado loco para saber lo que realmente quiere. Pon a su lado un cubo de agua, dile lo buena que es y por qué, y déjalo en paz.

"Si alguien realmente quiere emborracharse, no existe, que yo sepa, manera de prevenirlo — así que déjalo en paz, deja que se emborrache. Pero no le prives tampoco del cubo de agua".

1. DOCE Y DOCE, pág. 109
2. CARTA, 1942

15

Los Valores Eternos

Mucha gente no quiere tener nada que ver con los valores espirituales absolutos. Dicen de los perfeccionistas, o rebosan de vanidad porque creen haber alcanzado algún objetivo imposible, o se sumen en el desprecio de sí mismos por no haberlo alcanzado.

Sin embargo, no creo que debamos ser de esta opinión. El que abusemos de los grandes ideales de vez en cuando, convirtiéndolos en pretextos superficiales para la culpabilidad, la rebeldía y la soberbia, no es culpa de los ideales en sí. Al contrario, pocos son los progresos que podemos hacer mientras no intentemos saber cuáles son los valores espirituales eternos.

* * * * *

"Día tras día, tratamos de acercarnos un poco a la perfección de Dios. Así que no tenemos que consumirnos con un sentimiento sensiblero de culpa si no logramos alcanzar Su imagen y semejanza el jueves que viene. Nuestra meta es el progreso, y Su perfección es el faro, a años luz de distancia, que nos sigue guiando".

1. GRAPEVINE, Junio de 1961
2. CARTA, 1966

16

¡Nunca Más!

"La mayoría de la gente se siente más segura con el plan de 24 horas que con la resolución de no volver a beber nunca. La mayoría han roto ya demasiadas resoluciones. En realidad es una cuestión de elección personal: cada miembro tiene el privilegio de interpretar el programa según le parezca.

"Personalmente, adopto la actitud de que tengo la intención de no beber nunca. Esta es ligeramente distinta a decir: 'No beberé nunca más'. Esta última postura puede a veces meter a la gente en dificultades, porque es pretender hacer en un plan personal lo que los alcohólicos no podrían hacer nunca. Se trata demasiado de un acto de voluntad, y deja muy poco espacio para la idea de que Dios nos liberará de la obsesión de beber con tal que sigamos el programa de A.A."

CARTA, 1949

Hacia la Honradez

El perverso deseo de ocultar un motivo malo por debajo de otro bueno, se ve en todos los asuntos humanos de toda índole. Esta clase de hipocresía sutil y solapada puede ser el motivo oculto de la acción o pensamiento más insignificante. Aprender, día tras día, a identificar, reconocer y corregir estos defectos constituye la esencia de la formación del carácter y del buen vivir.

* * * * *

El engaño a los demás casi siempre tiene sus raíces en el engaño a nosotros mismos.

* * * * *

Por alguna razón, el estar a solas con Dios no parece ser tan embarazoso como sincerarnos ante otro ser humano. Hasta que no nos sentemos para hablar francamente de lo que por tanto tiempo hemos ocultado, nuestra disposición para poner nuestra casa en orden seguirá siendo un asunto teórico. El ser sinceros con otra persona nos confirma que hemos sido sinceros con nosotros mismos y con Dios.

1. DOCE Y DOCE, págs. 93
2. GRAPEVINE, Agosto de 1961
3. DOCE Y DOCE, pág. 57

18

Compañero y Colega

"El Dr. Bob fue mi colega y compañero constante
en la gran aventura de A.A. Como médico y persona grandemente humana, eligió como su principal
ocupación trabajar con otros y logró establecer un
récord que, en cantidad y en calidad, nadie sobre-
pasará nunca. Ayudado por la incomparable Her-
mana Ignacia en el Hospital Santo Tomás, de
Akron, suministró —sin cobrar un centavo— tratamiento médico e inspiración espiritual a cinco
mil enfermos alcohólicos.

"A pesar de todas las presiones y tensiones de los
tiempos pioneros de A.A., nunca cruzamos ni una
palabra dura. Puedo decir, muy agradecido, que se
debe atribuir a él todo el mérito".

* * * * *

Me despedí del Dr. Bob, sabiendo que se somete-
ría a una delicada operación. Su maravillosa y amplia sonrisa estaba en su rostro cuando me dijo
casi bromeando: "Recuerda, Bill, no estropeemos
esta cosa. ¡Mantengámoslo simple!" Yo salí, sin
poder pronunciar una palabra. Esta fue la última
vez que lo vi.

1. CARTA, 1966
2. A.A. LLEGA A SU MAYORIA DE EDAD, pág. 214

19

El Vino del Exito

Las situaciones desagradables o imprevistas no son las únicas que exigen el dominio de uno mismo. Tendremos que proceder con la misma cautela cuando empecemos a lograr un cierto grado de importancia o éxito material. Porque a nadie le han encantado más que a nosotros los triunfos personales. Nos hemos bebido el éxito como si fuera un vino que siempre nos alegraría. Si disfrutábamos de una racha de buena suerte, nos entregábamos a la fantasía, soñando con victorias aún más grandes sobre la gente y las circunstancias. Así cegados por una soberbia confianza en nosotros mismos, éramos propensos a dárnoslas de personajes.

Ahora que somos miembros de A.A. y estamos sobrios y vamos recobrando la estima de nuestros amigos y colegas, nos damos cuenta de que todavía nos es necesario ejercer una vigilancia especial. Para asegurarnos contra un ataque de soberbia, podemos frenarnos recordando que estamos sobrios hoy sólo por la gracia de Dios, y que cualquier éxito que tengamos se debe más a El que a nosotros mismos.

Luz de una Oración

"Dios, concédenos la serenidad para aceptar las cosas que no podemos cambiar, el valor para cambiar las cosas que podemos, y la sabiduría para reconocer la diferencia".

* * * * *

Valoramos tanto nuestra Oración de la Serenidad porque nos aporta una nueva luz que puede disipar nuestra antigua y casi mortal costumbre de engañarnos a nosotros mismos. En el resplandor de esta oración vemos que la derrota, si se acepta de la forma apropiada, no tiene porqué ser un desastre. Ahora sabemos que no tenemos que huir, ni debemos de nuevo tratar de superar la adversidad por medio de otra ofensiva precipitada que sólo nos creará obstáculos más rápidamente de lo que podamos derribarlos.

Ciudadanos de Nuevo

"Cada uno de nosotros —es decir, el miembro que saca el mayor provecho del programa— dedica mucho tiempo en los primeros años al trabajo de Paso Doce. Así fue en mi propio caso y, tal vez, con menos trabajo no me habría mantenido sobrio.

"No obstante, tarde o temprano, la mayoría de nosotros nos vemos cargados con otras obligaciones —ante la familia, los amigos, el país. Como recuerdas, el Paso Doce también hace referencia a 'practicar estos principios en todos nuestros asuntos'. Por lo tanto, creo que la cuestión de aceptar o no un cierto trabajo de Paso Doce debe decidirse según lo dictado por tu propia conciencia. Nadie más te puede decir con toda seguridad lo que debes hacer en un momento dado.

"Yo sólo sé que, en algún momento, se espera de ti que hagas algo más que llevar el mensaje a otros alcohólicos. En A.A. nuestro objetivo no es únicamente la sobriedad —tratamos de hacernos nuevamente ciudadanos del mundo que una vez rechazamos, y que un día nos rechazó. Esta es la demostración final hacia la cual el trabajo de Paso Doce es el primer paso, pero no el último".

CARTA, 1959

El Temor como Escalón

El principal activador de nuestros defectos ha sido el miedo egocéntrico — sobre todo el miedo de que perderíamos algo que ya poseíamos o que no conseguiríamos algo que exigíamos. Por vivir a base de exigencias insatisfechas, nos encontrábamos en un estado de constante perturbación y frustración. Por lo tanto, no nos sería posible alcanzar la paz hasta que no encontráramos la manera de reducir estas exigencias.

* * * * *

A pesar de su acostumbrada destructividad, el miedo puede ser el punto de partida hacia mejores cosas. El miedo puede ser un escalón hacia la prudencia y el digno respeto para con los demás. Puede enseñarnos tanto la senda hacia la justicia como hacia el odio. Y cuanto más justicia y respeto tengamos, más pronto llegaremos a encontrar el amor que tolera el sufrimiento y, no obstante, se da generosamente. Así que el temor no tiene que ser siempre destructivo, porque las lecciones de sus consecuencias nos pueden conducir a valores positivos.

1. DOCE Y DOCE, pág. 73
2. GRAPEVINE, Enero de 1962

Lo Adoramos Todo

También descubrimos que habíamos sido adoradores. ¡La emoción que esto nos producía! ¿No habíamos adorado indistintamente a personas, objetos, dinero y a nosotros mismos?

Y, por otra parte y con mejor razón, ¿no habíamos contemplado con adoración la puesta del sol, el mar o una flor? ¿Quién de entre nosotros no había amado a alguna persona o alguna cosa? ¿No eran estas cosas los hilos que formaban el tejido de nuestras vidas? ¿No determinaban estos sentimientos, después de todo, el curso de nuestra existencia?

Era imposible decir que no teníamos capacidad para la fe, para el amor y la adoración. En una u otra forma habíamos estado viviendo por la fe, y casi por nada más.

24

Iguales a la Hora de la Verdad

Al principio, pasaron cuatro años antes de que A.A. llevara la sobriedad permanente tan sólo a una mujer alcohólica. Como los del alto fondo, las mujeres también decían que eran diferentes. A.A. no les podría ayudar. No obstante, al irse perfeccionando la comunicación, debido principalmente a los esfuerzos de las mismas mujeres, la situación fue cambiando.

Así se ha seguido desarrollando este proceso de identificación y transmisión. El borracho de los barrios perdidos decía que era diferente. Se oía decir lo mismo aun más estridentemente al mundano (el beodo de la alta sociedad). Lo mismo decían los artistas, los profesionales, los ricos, los pobres, la gente religiosa, los agnósticos, los indios, los esquimales, los soldados veteranos y los presos.

Pero hoy en día, todos ellos hablan de lo mucho que nos parecemos todos los alcohólicos cuando reconocemos que hemos llegado a la hora de la verdad.

25

No Podemos Permanecer Inmóviles

En los primeros días de A.A., no me preocupaba mucho por esos aspectos de mi vida en los que me encontraba estancado. Siempre tenía la excusa: "Tengo otras cosas mucho más importantes a las que dedicarme". Con esto tenía mi receta casi ideal para la comodidad y la autosatisfacción.

* * * * *

Cuántos de nosotros se atreverían a decir, "Estoy sobrio y soy feliz. ¿Qué más puedo querer o hacer? Estoy bien tal y como estoy". Sabemos que esta clase de autosuficiencia significa un inevitable retroceso que culminará algún día en un rudo despertar. La alternativa que tenemos es la de seguir desarrollándonos o decaer. Para nosotros, el "status quo" sólo vale para el día de hoy, nunca para mañana. Tenemos que cambiar; no podemos quedarnos quietos.

1. GRAPEVINE, Junio de 1961
2. GRAPEVINE, Febrero de 1961

La Verdadera Libertad del Espíritu

Cuanto más dispuestos estamos a depender de un Poder Superior, más independientes somos en realidad. Por lo tanto, la dependencia, tal y como se practica en A.A., es realmente una manera de lograr la verdadera independencia del espíritu. Al nivel de la vida cotidiana, es asombroso descubrir lo dependientes que somos en esta esfera, y lo poco conscientes que somos de esa dependencia. Todas las casas modernas tienen cables eléctricos que conducen la energía y la luz a su interior. Nos encanta esta dependencia; no queremos por nada en el mundo que se nos corte el suministro eléctrico. Al aceptar así nuestra dependencia de esta maravilla de la ciencia, disfrutamos de una mayor independencia personal. No sólo disfrutamos de más independencia, sino también de más comodidad y seguridad. La corriente fluye hasta llegar donde se necesite.

Aunque en muchos de nuestros asuntos temporales aceptamos gustosamente este principio de sana dependencia, nos resistimos tenazmente al mismo principio si se nos pide que lo apliquemos como medio de desarrollarnos en la vida espiritual. Está claro que nunca conoceremos la libertad bajo Dios hasta que no intentemos buscar Su voluntad para con nosotros. La decisión es nuestra.

Suspensión Diaria

No estamos curados del alcoholismo. Lo que en realidad tenemos es una suspensión diaria de nuestra sentencia, que depende del mantenimiento de nuestra condición espiritual.

* * * * *

Nosotros los A.A. obedecemos principios espirituales, primero porque tenemos que hacerlo, luego porque debemos hacerlo, y por último porque nos agrada la manera de vivir que es el fruto de esta obediencia. Los grandes sufrimientos y el amor profundo son nuestros disciplinarios; no necesitamos otros,

1. ALCOHOLICOS ANONIMOS, pág. 85
2. DOCE Y DOCE, pág. 169

Los Perturbadores Pueden ser Nuestros Maestros

Hoy en día, muy pocos nos preocupamos de cómo cualquier principiante pueda afectar la reputación o eficacia de A.A. Los que recaen, los que mendigan, los que chismorrean, los que tienen trastornos mentales, los que se rebelan contra el programa, los que se aprovechan de la fama de A.A. —muy rara vez perjudican al grupo de A.A. por mucho tiempo.

Algunos de ellos han llegado a ser nuestros más respetados y más queridos miembros. Otros se han quedado para poner a prueba nuestra paciencia; pero se han mantenido sobrios. Otros más se han alejado. Hemos llegado a considerar a estas personas no como amenazas, sino como nuestros maestros. Nos obligan a cultivar la paciencia, la tolerancia y la humildad. Finalmente, nos percatamos de que son simplemente gente más enferma que el resto de nosotros, y que nosotros los que los condenamos, somos los Fariseos cuya falsa rectitud causa al grupo un más profundo perjuicio espiritual.

29

La Gratitud Debe Ir Adelante

"La gratitud debe ir adelante, y no atrás.

"En otras palabras, si llevas el mensaje a otra gente, estarás haciendo el mejor pago posible por la ayuda que se te ha dado".

* * * * *

No hay satisfacción más profunda ni alegría mayor que la entrañada por un trabajo de Paso Doce bien hecho. Ver abrirse maravillados los ojos de hombres y mujeres a medida que pasan de la oscuridad a la luz, ver sus vidas llenarse rápidamente de una nueva significación y determinación, ver a familias enteras reunidas, ver al alcohólico rechazado por la sociedad volver a integrarse en su comunidad como ciudadano de pleno derecho y, sobre todo, ver a esta gente despertarse ante la presencia de un Dios amoroso en sus vidas—estas cosas son la esencia de lo que recibimos cuando llevamos el mensaje de A.A. a otro alcohólico.

1. CARTA, 1959
2. DOCE Y DOCE, págs. 107-108

Salir de una "Borrachera Seca"

"A veces nos deprimimos. Si lo sabré yo; he sido campeón de las borracheras secas. Aunque las causas superficiales formaban parte del cuadro —eventos disparadores que precipitaban la depresión— las fundamentales, estoy convencido, se encontraban a un nivel mucho más profundo.

"Intelectualmente, pude aceptar mi situación. Emocionalmente no pude.

"No hay soluciones fijas a estos problemas. Pero una parte de la solución está sin duda en el esfuerzo constante para practicar todos los Pasos de A.A."

31

En la Economía de Dios

"En la economía de Dios, no se desperdicia nada. Mediante el fracaso, aprendemos una lección de humildad que, por dolorosa que sea, es probablemente necesaria".

* * * * *

No son nuestras virtudes las que nos han dado esta sabiduría; la mejor comprensión que ahora tenemos tiene sus raíces en nuestros antiguos errores. Ya que esto ha sido la esencia de nuestra experiencia individual, es también la esencia de nuestra experiencia como Comunidad

1. CARTA, 1942
2. GRAPEVINE, Noviembre de 1961

32

La Responsabilidad Moral

"Algunos ponen serios reparos a la postura A.A. de que el alcoholismo es una enfermedad. Este concepto, les parece, le quita al alcohólico la responsabilidad moral. Como ya sabe cualquier A.A., esto dista mucho de la verdad. No nos aprovechamos del concepto de enfermedad para dispensar a nuestros miembros de la responsabilidad. Al contrario, aprovechamos el concepto de enfermedad mortal para imponer en el que sufre la más seria obligación moral, la de valerse de los Doce Pasos de A.A. para recuperarse.

"En los primeros días de su vida de bebedor, el alcohólico es a menudo culpable de irresponsabilidad. Pero en cuanto llega el tiempo de beber compulsivamente, no se puede esperar que responda plenamente de su conducta. Tiene una obsesión que le condena a beber, y una sensibilidad física al alcohol que le destina a la locura y a la muerte.

"Pero cuando se le hace darse cuenta de su condición, se ve presionado a aceptar el programa de A.A. de regeneración moral".

CHARLA, 1960

Orientación para Nuestras Vidas

Descubrimos que la orientación divina nos llega en la medida en que dejemos de exigirle a Dios que nos la conceda a nuestra demanda y según las condiciones que imponemos

* * * * *

Al rezar, simplemente pedimos a Dios que, a lo largo del día, nos ayude a conocer, lo mejor que podamos, su voluntad para aquel día y que nos conceda la gracia suficiente para cumplirla.

* * * * *

Existe un encadenamiento directo entre el examen de conciencia, la meditación, y la oración. Cada una de estas prácticas por sí sola puede producir un gran alivio y grandes beneficios. Pero cuando se entrelazan y se interrelacionan de una manera lógica, el resultado es una base firme para toda la vida.

DOCE Y DOCE
1. pág. 102
2. pág. 100
3. pág. 96

"No Afiliada a Ninguna Secta"

"En tanto que A.A. ha reintegrado a miles de pobres cristianos a sus iglesias, y ha convertido en creyentes a ateos y agnósticos, también ha logrado que gentes que tienen como religión el budismo, el islamismo y el judaísmo se hagan buenos miembros de la Comunidad. Por ejemplo, dudamos seriamente que nuestros miembros budistas en el Japón se hubieran unido a esta Sociedad, si A.A., como movimiento, se hubiera catalogado oficialmente de cristiano.

"Puedes fácilmente convencerte de lo cierto que es, imaginándote que A.A. se hubiera iniciado entre los budistas, y que ellos te dijeran que no podrías unirte al grupo a menos que te convirtieras en budista. Si fueras un cristiano alcohólico bajo tales circunstancias, bien podrías volver la cara hacia la pared y morir".

CARTA, 1954

35

El Sufrimiento Transmutado

"A.A. no es una historia de éxito en el sentido común y corriente de la palabra. Es la historia del sufrimiento transmutado, bajo la gracia, en progreso espiritual".

* * * * *

Para el Dr. Bob la necesidad insaciable de alcohol fue evidentemente un fenómeno físico que lo aquejó aún en sus primeros años en A.A., época en que sólo pudo olvidarlo dedicándose día y noche a llevar el mensaje a otros alcohólicos. Aunque este deseo era muy difícil de soportar, sin duda tuvo mucho que ver con la intensa motivación y energía que aportó para formar el Grupo Número Uno de Akron.

La liberación espiritual de Bob no llegó fácilmente; fue penosamente lenta. Siempre conllevó el trabajo más duro y la más atenta vigilancia.

1. CARTA, 1959
2. A.A. LLEGA A SU MAYORIA DE EDAD, pág. 69

Humildad Primero

Encontramos muchos en A.A. que habían pensado como nosotros que humildad era un sinónimo de debilidad. Nos ayudaron a desinflarnos hasta llegar a nuestro justo tamaño. Con su ejemplo, nos demostraron que la humildad y el intelecto podían ser compatibles, con tal de que siempre antepusiéramos la humildad al intelecto. Cuando empezamos a hacerlo, recibimos el don de la fe, una fe que obra. Esta fe también la puedes recibir tú.

* * * * *

Si antes la humildad había significado para nosotros la abyecta humillación, ahora empieza a significar el ingrediente nutritivo que nos puede deparar la serenidad.

DOCE Y DOCE
1. págs. 27-28
2. pág. 71

Un Corazón Lleno y Agradecido

Un ejercicio que practico es el de tratar de hacer un inventario completo de mis bendiciones y una justa aceptación de los muchos dones que poseo —tanto los temporales como los espirituales. En esto trato de alcanzar un estado de agradecimiento alegre. Un agradecimiento así, al ser afirmado repetidamente y considerado atentamente, puede al fin desplazar la propensión natural a felicitarme a mí mismo por cualquier progreso que me haya sido posible hacer en algún área de mi vida.

Me esfuerzo por aferrarme a la verdad de que un corazón lleno y agradecido no puede abrigar grandes presunciones. Rebosante de gratitud, el corazón tiene que latir con un amor que fluye hacia todo lo que nos rodea, la emoción más elevada que jamás podamos experimentar.

Un Conducto Hacia Dios

"Creo firmemente tanto en la orientación como en la oración. Yo sé, no obstante —y espero ser lo suficientemente humilde para entender— que mi orientación puede que no tenga nada de infalible.

"El mismo momento en que me imagino que dispongo de un conducto libre (y directo) hacia Dios, me he convertido en lo suficientemente egoísta como para meterme en graves dificultades. No hay nadie que pueda causar más pesar innecesario que aquel que, impulsado por el ansia de poder, cree recibir su consejo directamente de Dios".

CARTA, 1950

Enfrentarse a los Resentimientos

El resentimiento es el ofensor número uno. Destruye más alcohólicos que cualquiera otra cosa. De éste se derivan todas las formas de enfermedad espiritual, ya que nosotros hemos estado no solamente física y mentalmente enfermos, sino también espiritualmente. Cuando es superado el mal espiritual, nos componemos mental y físicamente.

Cuando tratamos los resentimientos los escribimos en un papel. Hicimos una lista de personas, instituciones o principios con los que estábamos molestos, y nos preguntamos el porqué. En la mayoría de los casos se descubrió que nuestro amor propio, nuestra cartera, nuestras relaciones personales (incluyendo las sexuales) estaban lastimados o amenazados.

* * * * *

"El escribir la más acalorada carta puede servir como una válvula de seguridad muy efectiva — con tal de qué tengas cercana una papelera".

1. ALCOHOLICOS ANONIMOS, pág. 64
2. CARTA, 1949

40

Logros Materiales

Ningún miembro de A.A. quiere menospreciar los logros materiales. Ni discutimos con los muchos que todavía se aferran tan apasionadamente a la creencia de que la satisfacción de nuestros deseos naturales básicos es el objetivo primordial de la vida. Pero estamos seguros de que, al tratar de vivir conforme a esta fórmula, ninguna clase de gente de este mundo ha fracasado tan rotundamente como los alcohólicos.

Hemos exigido más de lo que nos corresponde de seguridad, de prestigio y de amor. Cuando parecía que teníamos éxito, bebíamos para tener sueños aun más grandiosos. Cuando nos sentíamos frustrados, aunque sólo fuera en parte, bebíamos para olvidar.

En todos estos empeños, muchos de ellos bien intencionados, nuestro mayor impedimento había sido la falta de humildad. Nos faltaba la perspectiva suficiente para ver que la formación de carácter y los valores espirituales tenían que anteponerse a todo, y que las satisfacciones materiales no constituían el objetivo de la vida.

41

¿Reglas para ser Miembro?

Alrededor de 1943 ó 1944, la Oficina Central pidió a los grupos que hicieran una lista de sus reglamentos y que las enviaran a la sede. Después de haberlas recibido, las recopilamos. Tras breve reflexión sobre tantísimos reglamentos, se desprendió una sorprendente conclusión.

Si todos estos edictos hubieran estado vigentes en todas partes al mismo tiempo, le habría sido imposible a cualquier alcohólico unirse a A.A. Unos nueve décimos de nuestros más antiguos y fieles miembros no habrían podido pasar por la criba.

* * * * *

La experiencia por fin nos enseñó que quitarle en cualquier grado su oportunidad a cualquier alcohólico a veces equivalía a pronunciar su sentencia de muerte, y muy a menudo a condenarle a una vida de sufrimientos sin fin. ¿Quién se atrevería a ser juez, jurado y verdugo de su propio hermano enfermo?

1. GRAPEVINE, Agosto de 1946
2. DOCE Y DOCE, pág. 137

42

Confianza en Nosotros Mismos

Al vernos obligados a admitir la derrota, la mayoría de nosotros nos rebelamos. Habíamos acudido a A.A. con la esperanza de que se nos enseñara a tener confianza en nosotros mismos. Entonces, se nos dijo que, en lo concerniente al alcohol, la confianza en nosotros mismos no valía para nada; que de hecho era una gran desventaja. Sin ayuda ajena no podía existir tal cosa como la victoria personal sobre la obsesión alcohólica.

* * * * *

Empezamos a hacer el debido uso de nuestra voluntad cuando tratamos de someterla a la voluntad de Dios. Para todos nosotros, ésta fue una maravillosa revelación. Todas nuestras dificultades se habían originado en el mal uso de la fuerza de voluntad. Habíamos tratado de bombardear nuestros problemas con ella, en lugar de intentar hacerla coincidir con los designios que Dios tenía para nosotros. El objetivo de los Doce Pasos de A.A. es hacer esto posible cada vez más.

¿Hasta qué punto el anonimato?

Por regla general, el típico recién llegado quería que su familia supiera inmediatamente lo que intentaba hacer. También quería contárselo a otros que habían tratado de ayudarle — su médico, su consejero espiritual y sus amigos íntimos. A medida que iba cobrando confianza, le parecía apropiado explicar su nueva forma de vivir a su jefe y a sus colegas. Cuando se le presentaba la oportunidad de ayudar, le resultaba fácil hablar de A.A. con casi cualquier persona. Estas revelaciones privadas le ayudaban a perder el miedo al estigma del alcoholismo, y a difundir las nuevas de la existencia de A.A. en su comunidad. Muchas personas nuevas llegaron a A.A. como consecuencia de tales conversaciones. Ya que se espera que haya anonimato únicamente ante los medios públicos, estos intercambios estaban bien conformes con el espíritu del anonimato.

DOCE Y DOCE, págs. 180-181

44

La Aceptación Diaria

"Una parte demasiado grande de mi vida ha estado dedicada a pensar en los defectos de otra gente. Esta es una forma sutil y perversa de la satisfacción de sí mismo, que nos permite seguir cómodamente inconsciente de nuestros propios defectos. Demasiado a menudo se nos oye decir: 'Si no fuera por él (o ella), qué feliz sería'".

* * * * *

Nuestro primer problema es aceptar nuestras actuales circunstancias tales como son, a nosotros mismos tales como somos, y a la gente alrededor nuestro tal como es. Esto es adoptar una humildad realista, sin la cual no se puede ni tan solo comenzar a hacer auténticos progresos. Una y otra vez tendremos que retornar a aquel punto de partida tan poco halagador. Esto es un ejercicio de aceptación que podemos practicar provechosamente cada día de nuestras vidas. Estos reconocimientos realistas de los hechos de la vida, siempre que evitemos por todos los medios convertirlos en pretextos poco realistas para la apatía o el derrotismo, pueden ser la base segura sobre la que se puede construir un mejor bienestar emocional y, por lo tanto, un más amplio progreso espiritual.

1. CARTA, 1966
2. GRAPEVINE, Marzo de 1962

45

Nuestros Compañeros

Hoy en día, la gran mayoría de nosotros recibimos de buen grado cualquier nueva luz que se pueda arrojar sobre la aflicción misteriosa y desconcertante del alcohólico. No nos importa mucho la procedencia de estos nuevos y valiosos conocimientos, ya sea que provengan de un tubo de ensayo, del sofá de un siquiatra o de estudios sociológicos reveladores. Nos agrada cualquier tipo de educación que facilite información precisa al público y cambie su acostumbrada actitud para con el borracho. Cada vez más consideramos a todos los que trabajan en el campo del alcoholismo como nuestros compañeros en la marcha desde la oscuridad hacia la luz. Nos damos cuenta de que podemos realizar juntos lo que nunca podríamos lograr separados y en rivalidad.

GRAPEVINE, Marzo de 1958

46

La Ambición Verdadera y la Falsa

Nos hemos parado a mirarnos más detenidamente
a nosotros y a aquellos que nos rodean. Hemos
visto que los temores e inquietudes irracionales
eran los que nos impulsaron a dar importancia primordial en la vida al asunto de ganar la fama, el
dinero y lo que para nosotros era el liderazgo. Así
que el falso orgullo se convirtió en la otra cara de
la ruinosa moneda "Temor". Teníamos que ser el
número uno para ocultar nuestro profundo sentimiento de inferioridad.

* * * * *

La verdadera ambición no es lo que creíamos que
era. La verdadera ambición es el profundo deseo
de vivir útilmente y de andar humildemente bajo la
gracia de Dios.

47

Ver es Creer

La casi infantil fe de los hermanos Wright en que podían construir un aparato que volara, fue el principal móvil de su realización. Sin eso, nada hubiera pasado.

Nosotros, los agnósticos y ateos nos estuvimos aferrando a la idea de que la autosuficiencia resolvería nuestros problemas. Cuando otros nos demostraron que la "dependencia de Dios" les daba resultados, empezamos a sentirnos como aquellos que insistieron en que los hermanos Wright nunca volarían. Estábamos viendo otra clase de vuelo: una liberación espiritual de este mundo, gente que se elevaba por encima de sus problemas.

ALCOHOLICOS ANONIMOS, págs. 52, 55

48

Vivir Serenamente

Un borracho que tiene una resaca fatal por haber bebido en exceso el día anterior, hoy no puede vivir bien. Pero hay otro tipo de resaca que todos sufrimos ya sea que bebamos o no. Es la resaca emocional, la consecuencia directa de los excesos emocionales negativos de ayer y, a veces, de hoy—ira, miedo, celos, y similares. Si hemos de vivir serenamente hoy y mañana, sin duda tenemos que eliminar estas resacas. Esto no significa que tengamos que hacer un morboso recorrido por nuestro pasado. Nos requiere que admitamos y corrijamos nuestros errores—ahora.

DOCE Y DOCE, págs. 86-87

De Nuestra Derrota — La Fortaleza

Si estamos haciendo planes para dejar de beber, no debe haber reserva de ninguna clase, ni ninguna idea oculta de que algún día seremos inmunes al alcohol.

* * * * *

Tal es la paradoja de la regeneración en A.A.: la fortaleza que surge de la debilidad y la derrota total, la pérdida de la vieja vida como condición para encontrar la nueva.

1. ALCOHOLICOS ANONIMOS, pág. 33
2. A.A. LLEGA A SU MAYORIA DE EDAD, pág. 46

A.A.: Anarquía Benigna y Democracia

Al llegar a A.A. nos encontramos con más libertad personal que la conocida por cualquier otra sociedad. No se puede obligarnos a hacer nada. En este sentido esta sociedad es una benigna anarquía. La palabra "anarquía" ha tenido un mal significado para la mayoría de nosotros. Pero creo que el idealista que abogaba tan fervientemente por la idea creía que si se les concediera a los seres humanos la libertad absoluta y no se vieran obligados a obedecer a nadie, entonces se asociarían voluntariamente por un interés común. Alcohólicos Anónimos es una asociación de ese tipo benigno que él se imaginaba.

Al tener que ponernos en acción —para funcionar como grupos— descubrimos que teníamos que ser una democracia. A medida que los veteranos se jubilaban, empezamos a elegir a nuestros servidores por votación mayoritaria. Cada grupo, en este sentido, llegó a ser una simple asamblea democrática. Todas las acciones propuestas para el grupo tenían que ser aprobadas por la mayoría. Esto suponía que ningún miembro individual podría nombrarse a sí mismo para actuar en nombre de su grupo o de A.A. en su totalidad. Ni la dictadura ni el paternalismo eran para nosotros.

La Llegada de la Fe

En mi propio caso, la piedra fundamental de la liberación del miedo es la fe: una fe que, a pesar de las apariencias mundanas en contra, me hace creer que vivo en un universo que tiene sentido.

Para mí, esto significa la creencia en un Creador que es todo poder, justicia y amor; un Dios que me tiene asignado un propósito, un significado, un destino de crecer, aunque sea poco y a tropiezos, hacia su imagen y semejanza. Antes de llegarme la fe, vivía como un extraño en un cosmos que, con demasiada frecuencia, me parecía hostil y cruel. En él no podía haber para mí ninguna seguridad interior.

* * * * *

Cuando el alcohol me hizo postrar de rodillas, me preparó para pedir el don de la fe. Y todo fue transformado. Nunca más, a pesar de mis dolores y mis problemas, experimentaría el desconsuelo de los años anteriores. Vi el universo iluminado por el amor de Dios. Ya no estaba solo".

1. GRAPEVINE, Enero de 1962
2. CARTA, 1966

Para Protegerse Contra una Recaída

Suponiendo que faltamos al ideal escogido y que tropezamos, ¿quiere decir esto que vamos a emborracharnos? Algunos nos dicen que así sería. Pero esto solamente es una verdad a medias.

Esto depende de nosotros y de nuestros motivos. Si lamentamos lo que hemos hecho y tenemos el deseo sincero de que Dios nos conduzca a cosas mejores, creemos que seremos perdonados y que habremos aprendido nuestra lección. Si no lo lamentamos y nuestra conducta sigue dañando a otro, es seguro que beberemos. No estamos teorizando. Estos son hechos de nuestra propia experiencia.

53

"Solitarios" — Pero no Solos

¿Y qué podemos decir de los muchos miembros de A.A. que, por diversas razones, no pueden tener una vida familiar? Al comienzo, muchas de estas personas, al ver a su alrededor tanta felicidad doméstica, se sienten muy solas, tristes y aisladas. Si no pueden conocer este tipo de felicidad, ¿puede A.A. ofrecerles satisfacciones de parecido valor y permanencia?

Sí — siempre que las busquen con tesón. Estos supuestos solitarios, al verse rodeados de tantos amigos de A.A., nos dicen que ya no se sienten solos. En cooperación con otros —hombres y mujeres— se pueden dedicar a numerosos proyectos constructivos, ideas y personas. Por no tener responsabilidades matrimoniales, pueden participar en actividades que los hombres y mujeres de familia no pueden permitirse. Cada día vemos a tales personas prestar servicios prodigiosos y recibir grandes alegrías a cambio.

Para Profundizar Nuestra Visión Interior

Es necesario que saquemos del repaso de nuestras relaciones personales la más detallada información posible acerca de nosotros mismos y de nuestras dificultades fundamentales. Ya que las relaciones defectuosas con otros seres humanos casi siempre han sido la causa inmediata de nuestros sufrimientos, incluyendo nuestro alcoholismo, no hay otro campo de investigación que pueda ofrecernos recompensas más gratificadoras y valiosas que éste.

Una reflexión seria y serena sobre nuestras relaciones personales puede ampliar nuestra capacidad de comprendernos. Podemos ver mucho más allá de nuestros fallos superficiales para descubrir aquellos defectos que eran fundamentales, defectos que, a veces, han sentado la pauta de nuestras vidas. Hemos visto que la minuciosidad tiene sus recompensas—grandes recompensas.

En Busca de Orientación

"El ser humano debe pensar, y actuar. No fue creado a la imagen de Dios para ser un autómata.

"Mi propia fórmula en este respecto es la siguiente: Primero, pensar bien el pro y el contra de cada situación, mientras rezo para que no influyan en mí las consideraciones egoístas. Afirmar que desearía hacer la voluntad de Dios.

"Luego, al haber puesto el asunto en manos de Dios y sin recibir ninguna respuesta conclusiva o contundente, espero más orientación, la cual puede venirme a la mente directamente, o por medio de otra gente o de las circunstancias.

"Si me parece que no puedo esperar más, y no me llega todavía ninguna indicación definitiva, repito lo primero varias veces, trato de escoger el mejor curso, y luego me pongo a actuar. Yo sé que, si me equivoco, el cielo no se va a derrumbar. En cualquier caso, me servirá de lección".

Enfrentarse a la Crítica

Al oír a alguien criticar a Alcohólicos Anónimos, nos sentimos asombrados, desconcertados y airados. Es probable que nos deje tan trastornados que no podemos sacar ningún provecho de la crítica constructiva. Esta especie de resentimiento no nos gana amistades, y no tiene ningún propósito constructivo. En esta esfera, sin duda podríamos mejorarnos.

* * * * *

Es evidente que la armonía, la seguridad y la efectividad futura de A.A. dependerá grandemente del mantenimiento de una actitud pacífica y totalmente inofensiva en todas nuestras relaciones públicas. Esta es una tarea dura, porque en nuestros días de bebedores éramos personas dispuestas a la ira, a la hostilidad, la rebelión y la agresión. Y aunque ahora estamos sobrios, los viejos moldes de conducta todavía están en nosotros en cierto grado, siempre amenazando explotar con cualquier buen pretexto.

Pero nosotros lo sabemos, y por consiguiente yo tengo la seguridad de que siempre encontraremos la gracia de podernos refrenar efectivamente al llevar nuestros asuntos públicos.

1. GRAPEVINE, Julio de 1965
2. DOCE CONCEPTOS, pág. 86

Mejor que el Oro

De recién llegados, nos hemos entregado a esa embriaguez espiritual. Como el demacrado explorador, después de apretarse el cinturón a la barriga vacía, hemos encontrado oro. La alegría que sentimos por la liberación de toda una vida de frustraciones, no tuvo límites.

Al recién llegado le parece que ha encontrado algo mejor que el oro. Puede ser que, de momento, no haya visto que apenas ha arañado un filón inagotable, que le dará dividendos solamente si lo trabaja el resto de su vida e insiste en regalar todo el producto.

58

La Indignación Virtuosa

"El valor positivo de la indignación virtuosa es
teórico—en particular para los alcohólicos. Nos
deja expuestos a la racionalización de que podemos estar tan enojados como queramos siempre
que pretendamos ser virtuosos al respecto".

* * * * *

Teníamos que reconocer que cuando albergába-
mos rencores y planeábamos vengarnos por tales
derrotas, en realidad nos estábamos dando golpes
a nosotros mismos con el garrote de la ira, golpes
que habíamos querido asestar a otros. Nos dimos
cuenta de que si nos sentíamos gravemente altera-
dos, lo primero que teníamos que hacer era apaci-
guarnos, sin importarnos la persona o las circunstancias que nosotros creyéramos responsables de
nuestro trastorno.

1. CARTA, 1954
2. DOCE Y DOCE, pág. 44

La Convicción y la Transigencia

Uno de los requisitos para llevar una vida útil es el "dar y tomar" la habilidad para transigir alegremente. La transigencia nos resulta difícil a nosotros, borrachos de "todo o nada". No obstante, nunca debemos perder de vista el hecho de que el progreso está casi siempre caracterizado por una serie de acuerdos encaminados hacia lo mejor. Por supuesto, no siempre podemos llegar a un acuerdo por transigencia. Hay circunstancias en las que es necesario aferrarnos tenazmente a nuestras convicciones hasta que se resuelva la cuestión.

El decidir cuándo se debe y no se debe transigir siempre exige el más agudo discernimiento.

60

¿Sólo la Capacidad Cerebral?

Al hombre o la mujer intelectualmente autosuficientes, muchos A.A. les pueden decir: "Sí, éramos como tú — nos pasábamos de listos. Nos encantaba que la gente nos considerara precoces. Nos valíamos de nuestra educación para inflarnos de orgullo como globos, aunque hacíamos lo posible para ocultar esta actitud ante los demás. En nuestro fuero interno, creíamos que podíamos flotar por encima del resto de la humanidad debido únicamente a nuestra capacidad cerebral.

"El progreso científico nos indicaba que no había nada que el hombre no pudiera hacer. El saber era todopoderoso. El intelecto podía conquistar la naturaleza. Ya que éramos más inteligentes que la mayoría de la gente (o así lo creíamos), con sólo pensar tendríamos el botín del vencedor. El Dios del intelecto desplazó al Dios de nuestros antepasados.

"Pero nuevamente Don Alcohol tenía otros planes. Nosotros que tanto habíamos ganado casi sin esfuerzo, lo perdimos todo. Nos dimos cuenta de que, si no volviéramos a considerarlo, moriríamos".

Superar el Miedo

El temor tocaba de un modo u otro casi todos los aspectos de nuestra vida. Era una hebra maligna y corrosiva; la trama de nuestra existencia la llevaba entrecruzada. Ponía en movimiento una sucesión de circunstancias que nos acarreaban desgracias que no creíamos merecernos. Pero ¿no fuimos nosotros mismos los que echamos a rodar la pelota?

* * * * *

El problema de superar el miedo tiene dos aspectos. Trataremos de lograr liberarnos del miedo tanto como nos sea posible. Después, tendremos que buscar el valor y la gracia para enfrentarnos de una forma constructiva con los temores que nos queden.

1. ALCOHOLICOS ANONIMOS, págs. 67-68
2. GRAPEVINE, Enero de 1962

Otro Tipo de Puerta Giratoria

Cuando un borracho se aparece entre nosotros y empieza a decir que no le gustan los principios de A.A., ni su gente ni la organización de servicio; cuando declara que a él le iría mejor en otra parte, nosotros no nos preocupamos. Simplemente le decimos: "Probablemente su caso es diferente. ¿Por qué no prueba algo distinto?"

Si un miembro de A.A. dice que no le gusta su propio grupo, no nos alarmamos. Simplemente le decimos: "¿Por qué no prueba a asistir a otro grupo, o funda uno nuevo?"

A todos aquellos que deseen separarse de A.A. les extendemos nuestras más cordiales invitaciones para que lo hagan. Si les va mejor por otros medios, nos parece muy bien y nos alegramos. Si después de haber intentado ir por otro camino, no tienen éxito, sabemos que les queda todavía una alternativa: o se enloquecen o mueren o regresan a Alcohólicos Anónimos. La decisión queda enteramente a su criterio. (De hecho, la mayor parte de ellos regresan a nosotros).

DOCE CONCEPTOS, págs. 91-92

63

Libre de Dependencia

Me preguntaba a mí mismo, "¿Por qué los Doce Pasos no sirven para liberarme de la depresión? Hora tras hora, tenía la mirada fija en la Oración de San Francisco... "Es mejor consolar que ser consolado".

De repente, me di cuenta de lo que podría ser la respuesta. Mi defecto principal y característico siempre había sido el de la dependencia de otra gente o de las circunstancias para proporcionarme prestigio, seguridad, y confianza. Al no conseguir estas cosas tal y como las quería y conforme con mis sueños perfeccionistas, yo había luchado por tenerlas. Y cuando me vino la derrota, me sobrevino la depresión.

Reforzado por la gracia que podía encontrar en la oración, me encontré obligado a valerme de toda la voluntad y fuerza de las que disponía para extirpar esas defectuosas dependencias emocionales de otra gente y de las circunstancias. Unicamente al lograrlo, sería libre de amar como San Francisco.

64

En Busca de Motivos

Algunos nos aferrábamos a la idea de que los únicos perjudicados por nuestra forma de beber éramos nosotros. Nuestras familias no se vieron perjudicadas porque siempre pagamos las cuentas y casi nunca bebíamos en casa. Nuestros compañeros de trabajo no se vieron perjudicados porque solíamos presentarnos a trabajar. Nuestras reputaciones no se vieron perjudicadas, porque estábamos seguros de que muy poca gente se había fijado en nuestros excesos con la bebida. Y los que sí se habían fijado, nos tranquilizaban diciendo que una alegre juerga no era sino el pecadillo de un hombre recto. Por lo tanto, ¿qué daño real habíamos causado? Sin duda, poco más de lo que podríamos remediar fácilmente con algunas disculpas hechas de paso.

Esta actitud, por supuesto, es el producto final de esfuerzo deliberado para olvidar. Es una actitud que sólo se puede cambiar por medio de un análisis profundo y sincero de nuestros motivos y nuestras acciones.

Desarrollo por medio del Décimo Paso

En los años venideros sin duda cometeremos errores. La experiencia nos ha enseñado que no tenemos por qué tener miedo de hacerlo, con tal que sigamos estando dispuestos a admitir nuestros errores y corregirlos inmediatamente. Nuestro desarrollo como individuos ha dependido de este saludable proceso de tanteos, de ensayo y error. Así será para nuestro desarrollo como comunidad.

Tengamos presente que cualquier sociedad de hombres y mujeres que no puede corregir sus propios errores acabará decayendo si no en colapso total. Tal es la pena universal por no seguir desarrollándose. Tal como cada miembro individual de A.A. tiene que seguir haciendo su inventario moral y actuar correspondientemente, así tiene que hacer nuestra sociedad en su totalidad si esperamos sobrevivir y servir bien.

¿Sólo para las Emergencias?

Ya fuéramos creyentes o no, empezamos a abandonar la idea de que el Poder Superior fuera una especie de sustituto mediocre a quien recurrir únicamente en emergencias.

La idea de que seguiríamos llevando nuestras propias vidas, con una ayudita de Dios de vez en cuando, empezaba a desaparecer. Muchos de los que nos habíamos considerado religiosos, nos dimos repentina cuenta de lo limitada que era esta actitud. Al negarnos a colocar a Dios en primer lugar, nos habíamos privado de Su ayuda.

Pero ahora las palabras "Por mí mismo nada soy, el Padre hace las obras" empezaban a cobrar un significado muy prometedor.

Miles de "Fundadores"

"En tanto que doy gracias a Dios por tener el privilegio de ser uno de los primeros miembros de A.A., desearía sinceramente que se eliminase la palabra 'fundador' del vocabulario de A.A.

"Al fin y al cabo, toda persona que ha hecho con éxito cualquier cantidad de trabajo de Paso Doce es sin duda el fundador de una nueva vida para otros alcohólicos".

* * * * *

"A.A. no fue inventada. Sus fundamentos nos llegaron por medio de la experiencia y la sabiduría de multitud de grandes amigos. Nosotros simplemente nos apropiamos de sus ideas y las adaptamos".

* * * * *

"Afortunadamente, hemos aceptado los servicios dedicados de mucha gente no-alcohólica. Debemos nuestras vidas mismas a los hombres y mujeres de la medicina y de la religión. Y, por mi parte y por la del Dr. Bob, afirmo con toda gratitud que, si no hubiera sido por nuestras esposas, Anne y Lois, ninguno de los dos podríamos haber vivido para ver los comienzos de A.A."

1. CARTA, 1945
2. CARTA, 1966
3. CARTA, 1966

Reanuda Tus Esfuerzos

"Aunque yo sé lo lastimado y arrepentido que te sientes después de esta recaída, te ruego que no te preocupes por la pérdida temporal de tu paz interior. Tan calmadamente como puedas, reanuda tus esfuerzos en el programa de A.A., en particular los aspectos que tienen que ver con la meditación y el autoanálisis.

"¿Me permites sugerirte que te tomes la culpabilidad excesiva por lo que es? No es sino una especie de orgullo invertido. Es justo sentir una lástima decente por lo que haya ocurrido. Pero, culpabilidad, no.

"De hecho, es muy posible que la recaída fuera ocasionada por sentimientos irrazonables de culpabilidad debido a otros, así llamados, defectos morales. Sin duda, debes considerar esta posibilidad. E incluso en esto, no debes echarte la culpa por los fallos; sólo puedes ser penalizado por negarte a tratar de lograr lo mejor".

69

El Dar sin Exigir

Observa a cualquier A.A. con seis meses de sobriedad mientras trabaja con un nuevo caso de Paso Doce. Si el candidato le dice "Vete al diablo", no hace más que sonreír y ponerse a trabajar con otro. No se siente frustrado o rechazado. Y si el próximo caso responde con amor y atención para con otros alcohólicos, sin darle nada a él, el padrino, no obstante, está contento. Todavía no se siente frustrado, sino que se alegra porque su antiguo candidato está sobrio y feliz.

Pero se da perfecta cuenta de que su propia vida se ha enriquecido —como un dividendo de dar sin exigir nada a cambio.

GRAPEVINE, Enero de 1958

La Verdad, la Liberadora

Los A.A. conocemos muy bien la forma en que la verdad nos hace libres. Nos corta las cadenas de la esclavitud del alcohol. Continúa liberándonos de incontables conflictos y penas; destierra el miedo y la soledad. La unidad de nuestra Comunidad, el amor que abrigamos por cada uno de nuestros compañeros, el respeto que el mundo nos tiene — todos son los frutos de la integridad que, bajo Dios, hemos tenido el privilegio de conocer.

* * * * *

Precisamente cuándo y cómo decimos la verdad —o nos quedamos callados— puede revelar la diferencia entre la auténtica integridad y la total falta de la misma. El Noveno Paso del programa de A.A. enfáticamente nos advierte de no hacer mal uso de la verdad al declarar: "Reparamos directamente a cuantos nos fue posible el daño causado, excepto cuando el hacerlo implicaba perjuicio para ellos o para otros". Ya que recalca el hecho de que la verdad se puede utilizar tanto para dañar como para sanar, este valioso principio se puede aplicar ampliamente al asunto de desarrollar la integridad.

71

"¿Cómo Puedes Aguantar un Golpe?"

El día que nuestro país sufrió la tremenda calamidad de Pearl Harbor, un amigo de A.A., iba caminando por una calle de St. Louis. Padre Edward Dowling no era alcohólico, pero había sido uno de los fundadores del primer grupo de A.A. de su ciudad y uno de sus principales inspiradores. Ya que muchos de sus amigos, normalmente sobrios, ya habían recurrido a la botella para borrar de sus mentes las posibles consecuencias del desastre de Pearl Harbor, el Padre Ed se sentía angustiado por la probabilidad de que su querido grupo de A.A. fuera a hacer lo mismo.

Entonces, un miembro de A.A., que llevaba sobrio menos de un año, le abordó y se puso a entablar con él una animada conversación — principalmente acerca de A.A. Para su gran alivio, el Padre Ed vio que su compañero estaba totalmente sobrio.

El Padre le preguntó: "¿Cómo es que no tienes nada que decir acerca de Pearl Harbor? ¿Cómo puedes encajar un golpe de ese calibre?"

"Bueno", replicó el A.A., "todos y cada uno de los A.A. ya hemos sufrido nuestro propio Pearl Harbor. Así que, ¿por qué debemos los borrachos venirnos abajo por éste?"

La Dependencia — Malsana o Sana

"No hay nada más desmoralizador que la dependencia abyecta y pegajosa de otro ser humano. Esta, a menudo, equivale a exigir un grado de protección y de amor que nadie podría satisfacer. Así que nuestros esperados protectores huyen, y nos quedamos nuevamente solos—para desarrollarnos o desintegrarnos".

* * * * *

Descubrimos que la mejor fuente posible de estabilidad emocional era el mismo Dios. Vimos que la dependencia de Su perfecta justicia, perdón y amor era saludable, y que funcionaría cuando todo lo demás nos fallara. Si realmente dependíamos de Dios, no nos sería posible hacer el papel de Dios con nuestros compañeros, ni sentiríamos el deseo urgente de depender totalmente de la protección y cuidado humanos.

1. CARTA, 1966
2. DOCE Y DOCE, pág. 114

La Tolerancia Recíproca

"Tu punto de vista fue en un tiempo el mío. Afortunadamente, A.A. está construida de tal manera que no tenemos que debatir la existencia de Dios; pero, para obtener los mejores resultados, la mayoría de nosotros tenemos que depender de un Poder Superior. Dices que tu grupo es tu Poder Superior, y ningún miembro honrado de A.A. pondría en duda tu privilegio de creerlo así. Todos debemos alegrarnos de que se puedan lograr buenas recuperaciones aún sobre esta base limitada.

"Pero lo justo es la reciprocidad. Si esperas que otra gente respete tu punto de vista, estoy seguro de que tú estarás dispuesto a mostrarles la misma tolerancia. Trato de tener siempre presente que, a lo largo de los siglos, mucha gente más lista que yo se han encontrado en ambos lados de este debate acerca de la creencia. A mí, en los últimos años se me está haciendo más fácil creer que Dios creó al hombre que creer que el hombre creó a Dios".

CARTA, 1950

Abre una Brecha en los Muros del Ego

La gente impulsada por el orgullo de sí misma inconscientemente se niega a ver sus defectos. Es poco probable que estos principiantes necesiten consuelo. Lo necesario, y difícil, es ayudarles a encontrar una grieta en la pared construida por sus egos, por la que pueda brillar la luz de la razón.

* * * * *

En verdad, el tratar de adquirir cada vez más humildad es el principio fundamental de cada uno de los Doce Pasos de A.A. Porque sin tener un cierto grado de humildad, ningún alcohólico se puede mantener sobrio.

Casi todos los A.A. han descubierto que, a menos que cultiven esta preciada cualidad en un grado mucho mayor de lo que se requiere sólo para mantener la sobriedad, tendrán escasas posibilidades de conocer la verdadera felicidad. Sin ella, no pueden llevar una vida de mucha utilidad, ni, en la adversidad, pueden contar con la fe suficiente para responder a cualquier emergencia.

DOCE Y DOCE
1. pág. 43
2. pág. 67

Perder el Temor a la Situación Económica

Mientras un trabajo nos siguiera pareciendo una mera forma de conseguir dinero y no una oportunidad de servir, mientras la adquisición de dinero para disfrutar de una independencia económica nos pareciera más importante que la justa dependencia de Dios, íbamos a seguir siendo víctimas de temores irracionales. Y estos temores nos harían imposible llevar una vida serena y útil, fueran cuales fueran nuestras circunstancias económicas.

Pero con el paso del tiempo, descubrimos que, con la ayuda de los Doce Pasos de A.A., podíamos librarnos de estos temores, sin importar cuáles fueran nuestras perspectivas económicas. Podíamos realizar alegremente tareas humildes sin preocuparnos por el mañana. Si, por suerte, nuestras circunstancias eran buenas, ya no vivíamos temiendo los reveses, porque habíamos llegado a saber que tales dificultades podrían ser transformadas en bienes espirituales, tanto para nosotros como para los demás.

DOCE Y DOCE, págs. 118-119

76

Sólo Dios es Inmutable

"El cambio es característico de todo desarrollo. De la bebida a la sobriedad, de la falta de honradez a la sinceridad, del conflicto a la serenidad, del odio al amor, de la dependencia pueril a la responsabilidad adulta — todo esto e infinitamente más representan un cambio hacia lo mejor.

"Tales cambios se logran por medio de la creencia en sólidos principios y la práctica de los mismos. Tenemos que deshacernos de principios malos o inefectivos, para reemplazarlos con buenos principios que surten efecto. E incluso los buenos principios pueden ser sustituidos por otros aun mejores. 'Sólo Dios es inmutable; sólo El posee toda la verdad que existe'".

CARTA, 1966

R.S.V.P. — ¿Sí o No?

Normalmente no evitamos los lugares donde se bebe, *si tenemos una razón legítima para estar allí*. Estos incluyen bares, centros nocturnos, bailes, recepciones, bodas e incluso fiestecitas informales.

Notarás que hemos puesto una condición importante. Por consiguiente, en cada ocasión, pregúntate a ti mismo: "¿Tengo alguna buena razón personal, de negocios o social para ir a ese lugar?" o "¿estoy esperando robar un poco de placer indirecto del ambiente de esos sitios?" Entra o aléjate de ellos según te parezca apropiado. Pero asegúrate de que pisas un terreno espiritual firme antes de ir allí y de que tu motivo para ir sea enteramente bueno. No pienses en lo que vayas a sacar de la situación; piensa en lo que puedes aportar a ella.

Si vacilas, es mejor que busques a otro alcohólico.

Despejar un Conducto

A medida que transcurre el día, al vernos enfrentados con algún problema o con una decisión que
tomar, será conveniente que hagamos una pausa y
renovemos la sencilla petición: "Hágase Tu voluntad, no la mía". Si en estos momentos ocurre que
nuestros trastornos emocionales son muy grandes,
es mucho más probable que mantengamos nuestro
equilibrio si recordamos y volvemos a recitar alguna oración o alguna frase que nos haya atraído
especialmente en nuestras lecturas o meditaciones.
En los momentos de tensión, el mero hecho de re-
petirla una y otra vez a menudo nos hará posible
desatascar un conducto bloqueado por la ira, el
miedo, la frustración o los malentendidos, y volver
a acudir a la ayuda más segura de todas—nuestra
búsqueda de la voluntad de Dios, y no la nuestra.

¿De Quién es la Responsabilidad?

"Un grupo de A.A., como tal, no puede encargarse de todos los problemas personales de sus miembros y aun menos de los de la gente no-alcohólica del mundo alrededor nuestro. Por ejemplo, el grupo de A.A. no sirve de mediador en las relaciones domésticas, ni presta ayuda económica a nadie.

"Aunque un miembro puede ser ayudado a veces en tales asuntos por sus amigos de A.A., la responsabilidad primordial de resolver los problemas de la vida y del desarrollo personal, recae directamente sobre el mismo individuo. Si un grupo de A.A. intentara prestar ayuda de esta índole, su eficacia y sus energías se disiparían completamente.

"Esa es la razón por la que la sobriedad —el ser libre del alcohol— por medio de la enseñanza y la práctica de los Doce Pasos de A.A., es el único objetivo del grupo. Si no nos atenemos a este principio fundamental, cabe poca duda de que fracasaremos. Y si fracasamos, no podemos ayudar a nadie".

CARTA, 1966

Debe y Haber

Después de una racha de chismorreo, nos vendría
bien hacernos las siguientes preguntas: "¿Por qué
dijimos lo que dijimos? ¿Era nuestra única intención ser serviciales e informativos? O, ¿quizás estábamos tratando de sentirnos superiores confesando
los pecados de nuestro compañero? O, por temor o
antipatía, ¿tal vez estábamos intentando perjudi-
carle?" Esto sería un intento sincero de examinarnos a nosotros mismos, y no al otro compañero.

* * * * *

El inventario no nos sirve únicamente para apuntar nuestros errores. Rara vez pasa un día en que
no hayamos hecho nada bien. En realidad, las horas del día normalmente están repletas de cosas
constructivas. Al repasarlas, veremos reveladas
nuestras buenas intenciones, buenas razones, y
buenas obras. Incluso cuando nos hemos esforza-
do y hemos fracasado, debemos anotarlo como un
punto muy importante a nuestro favor.

1. GRAPEVINE, Agosto de 1961
2. DOCE Y DOCE, págs. 91-92

"¿Egoísta?"

"Puedo ver por qué te molesta oír decir a algunos oradores de A.A.: 'A.A. es un programa egoísta'. La palabra 'egoísta' normalmente implica que uno es codicioso, exigente y desconsiderado con el bienestar de los demás. Por supuesto que la manera de vivir de A.A. no implica en absoluto tales características indeseables.

"¿Qué es lo que quieren decir estos oradores? Bueno, todo teólogo te dirá que la más alta aspiración que un ser humano puede tener es la salvación de su propia alma. Sin la salvación —sea cual sea nuestra definición de ella— él o ella tendrá poco o nada. Para nosotros los A.A., es aun más urgente.

"Si no queremos o no podemos lograr nuestra sobriedad, nos perderemos verdaderamente, en este mismo momento aquí en la tierra. No somos de ningún valor a nadie, ni siquiera a nosotros mismos, hasta que encontremos nuestra salvación del alcohol. Por lo tanto, nuestra propia recuperación y nuestro propio desarrollo espiritual tienen que anteponerse a todo — lo que constituye una forma digna y necesaria del interés propio".

CARTA, 1966

La Dificultad se Convierte en Beneficio

"Creo que esta Conferencia de Servicios Generales ha sido muy prometedora y ha estado llena de progresos — porque ha habido dificultades. Y ha convertido estas dificultades en beneficios, en algún desarrollo y en una gran promesa.

"A.A. se originó en las dificultades, en uno de los más graves problemas que puede sucederle a un individuo, el que acompaña la sombría y mortal enfermedad de alcoholismo. Cada uno de nosotros se acercó a A.A. acosado por dificultades, dificultades imposibles, desesperadas. Esa es la razón por la que vinimos.

"Si esta Conferencia ha sido agitada, si algunas personas han estado desconcertadas — yo digo: 'Esto está bien' ¿Qué parlamento, qué república, qué democracia ha estado libre de conflictos? La fricción entre puntos de vista opuestos es el mismo *modus operandi,* por el que ellos proceden. Entonces, ¿a qué debemos temer?"

CHARLA, 1958

83

No Podemos Vivir a Solas

Todos los Doce Pasos de A.A. nos piden que actuemos en contra de nuestros deseos naturales; todos ellos desinflan nuestros egos. En cuanto al desinflamiento del ego, hay pocos Pasos que nos resulten más difíciles que el Quinto. Pero tal vez no hay otro Paso más necesario para lograr una sobriedad duradera y la tranquilidad de espíritu.

La experiencia de A.A. nos ha enseñado que no podemos vivir a solas con nuestros problemas apremiantes y los defectos de carácter que los causan o los agravan. Si hemos examinado nuestras carreras a la luz del Cuarto Paso, y hemos visto iluminadas y destacadas aquellas experiencias que preferiríamos no recordar, entonces, la necesidad de dejar de vivir a solas con los fantasmas atormentadores del pasado cobra cada vez más urgencia. Tenemos que hablar de ellos con alguien.

* * * * *

No podemos depender totalmente de nuestros amigos para resolver todas nuestras dificultades. Un buen consejero nunca va a pensar por nosotros. Sabe que la decisión final debe ser nuestra. Por lo tanto, nos ayudará a eliminar el miedo, la comodidad y el autoengaño, y así nos hará posible tomar decisiones que sean amorosas, sabias y honradas.

1. DOCE Y DOCE, pág. 52
2. GRAPEVINE, Agosto de 1961

Los Beneficios de la Responsabilidad

"Afortunadamente, los gastos per cápita de A.A. son muy reducidos. Fallar en cubrirlos sería evadir una responsabilidad que nos beneficia.

"La mayoría de los alcohólicos han dicho que no tenían problemas que el dinero no pudiera solucionar. Somos un grupo que, mientras bebíamos, siempre teníamos la mano tendida para dinero. Así que cuando empezamos a pagar nuestras propias cuentas de servicio, es un cambio saludable".

* * * * *

"A causa de la bebida, mi amigo Enrique había perdido un trabajo bien remunerado. Le quedaba todavía una casa elegante — con un presupuesto que excedía en tres veces a sus reducidas entradas.

"Podría haberla alquilado a otra persona por una cantidad suficiente como para costeárselo. Pero ¡no! Enrique dijo que sabía que Dios quería que él viviese en aquella casa, y que El procuraría que se sufragaran los gastos. Y Enrique seguía acumulando deudas, rebosante de fe. No es de extrañar que sus acreedores finalmente le expropiaran la casa.

"Enrique puede reírse ahora de todo esto, habiendo aprendido que Dios ayuda con mayor frecuencia a aquellos que están dispuestos a ayudarse a sí mismos".

1. CARTA, 1960
2. CARTA. 1966

La Vida no es un Callejón sin Salida

Para un hombre o mujer que ha experimentado un despertar espiritual, el significado más importante que tiene es que ahora puede hacer, sentir y creer aquello que antes, con sus propios recursos y sin ayuda, no podía hacer. Se le ha concedido un don que le produce un nuevo estado de conciencia y una nueva forma de ser. Se encuentra en un camino que le indica que le llevará a un destino seguro, que la vida no es un callejón sin salida, ni algo que habrá de soportar o dominar. Ha sido realmente transformado, porque se ha aferrado a una fuente de fortaleza de la que antes, de una u otra forma, se había privado.

DOCE Y DOCE, págs. 104-105

Cabida para Mejoras

Hemos llegado a creer que los Pasos de recuperación y las Tradiciones de A.A. representan las verdades aproximadas que necesitamos para lograr nuestro objetivo particular. Cuanto más los ponemos en práctica, más nos gustan. Así que, no cabe la menor duda de que debemos seguir preconizando los principios de A.A. en la forma que ahora tienen.

Entonces, si nuestros principios básicos van a quedar tan firmemente fijados, ¿qué hay para cambiar o mejorar?

La respuesta se nos ocurre enseguida. Aunque no tenemos que modificar nuestras verdades, sin duda podemos mejorar las formas en que las aplicamos a nosotros mismos, a nuestra Comunidad en su totalidad, y a nuestras relaciones con el mundo que nos rodea. Podemos seguir perfeccionando la aplicación de "estos principios en todos nuestros asuntos".

Clave del Arco

Al vernos enfrentados con la destrucción alcohólica nos volvimos receptivos con los asuntos espirituales. En este aspecto, el alcohol fue un instrumento efectivo de persuasión. Finalmente a base de golpes nos hizo entrar en razón.

* * * * *

Tuvimos que dejar de "jugar a ser Dios". No resultaba. Después, decidimos que en lo sucesivo, en este drama de la vida, Dios iba a ser nuestro Director. Es el Jefe; nosotros somos Sus agentes.

La mayoría de las buenas ideas son sencillas y este concepto fue la piedra clave del nuevo arco triunfal por el que pasamos a la libertad.

ALCOHOLICOS ANONIMOS
pág. 48
pág. 62

La Fuerza de Voluntad y la Elección

"Los A.A. conocemos la futileza de tratar de romper la obsesión de beber por medio de la mera fuerza de voluntad. No obstante, nos damos cuenta de que se requiere mucha buena voluntad para adoptar los Doce Pasos de A.A. como una forma de vivir que nos puede devolver la cordura.

"Por intensa que sea la obsesión por el alcohol, descubrimos afortunadamente que se pueden tomar otras decisiones importantes. Por ejemplo, podemos decidirnos a admitir que somos personalmente impotentes ante el alcohol, que la dependencia de algún Poder Espiritual es una necesidad, aunque esta sea sencillamente nuestra dependencia de un grupo de A.A. Entonces, podemos decidirnos a tratar de llevar una vida de sinceridad y humildad, de servicio desinteresado a nuestros compañeros y a 'Dios como nosotros lo concebimos'.

"Mientras seguimos tomando estas decisiones y nos vamos adelantando hacia estas altas aspiraciones, nos vuelve la cordura y la compulsión por beber desaparece".

CARTA, 1966

Repasar el Día

Por la noche, cuando nos acostamos, revisamos constructivamente nuestro día: ¿Estuvimos resentidos, fuimos egoístas, faltos de sinceridad o tuvimos miedo? ¿Hemos retenido algo que debimos haber discutido inmediatamente con otra persona? ¿Fuimos bondadosos y afectuosos con todos? ¿Qué cosa hubiéramos podido hacer mejor? ¿Estuvimos pensando la mayor parte del tiempo en nosotros mismos? o ¿estuvimos pensando en lo que podríamos hacer por otros, en lo que podríamos aportar al curso de la vida?

Tenemos que tener cuidado de no dejarnos llevar por la preocupación, el remordimiento o la reflexión mórbida porque eso disminuiría nuestra capacidad para servir a los demás. Después de haber hecho nuestra revisión, le pedimos perdón a Dios y averiguamos qué medidas correctivas deben tomarse.

90

Ver Desaparecer la Soledad

Casi sin excepción, los alcohólicos están torturados por la soledad. Incluso antes de que nuestra forma de beber se agravara hasta tal punto que los demás se alejaran de nosotros, casi todos nosotros sufríamos de la sensación de no encajar en ninguna parte. O bien éramos tímidos y no nos atrevíamos a acercarnos a otros, o éramos propensos a ser muy extrovertidos, ansiando atenciones y camaradería, sin conseguirlas nunca — o al menos según nuestro parecer. Siempre había esa misteriosa barrera que no podíamos superar ni entender.

Esta es una de las razones por las que nos gustaba tanto el alcohol. Pero incluso Baco se volvió en contra nuestra; acabamos derrotados y nos quedamos en aterradora soledad.

* * * * *

La vida toma un nuevo significado en A.A. Ver a las personas recuperarse, verlas ayudar a otras, ver cómo desaparece la soledad, ver una comunidad desarrollarse a tu alrededor, tener una multitud de amigos — esta es una experiencia que no debes perderte.

1. DOCE Y DOCE, pág. 54
2. ALCOHOLICOS ANONIMOS, pág. 89

El Valor y La Prudencia

Los temores que subsistían, los podíamos reconocer por lo que eran y, con la gracia de Dios, llegamos a ser capaces de encararlos. Empezamos a considerar cada adversidad como una oportunidad que Dios nos había deparado para cultivar el valor que nace de la humildad y no de la arrogancia.

* * * * *

La prudencia es un efectivo término medio, un canal de salida entre los obstáculos del temor por un lado y la temeridad por el otro. La prudencia crea en la práctica un clima definido, el único clima en el cual pueden lograrse la armonía, la eficacia y el permanente progreso espiritual.

* * * * *

"La prudencia es la preocupación racional sin la inquietud".

1. GRAPEVINE, Enero de 1962
2. DOCE CONCEPTOS, pág. 78
3. CHARLA, 1966

Caminando Hacia la Sobriedad

"Cuando estaba cansado y no podía concentrarme en nada, solía recurrir a una afirmación de la vida que era el sencillo caminar y respirar profundamente. A veces me decía a mí mismo que no podía hacer ni siquiera esto — que estaba demasiado débil. Pero llegué a darme cuenta de que este era el punto en que no me podía rendir sin volverme aun más deprimido.

"Así que me proponía una corta distancia: Iba a caminar medio kilómetro. Y me enfocaba en contar mis respiraciones — digamos, seis pasos por cada inhalación y cuatro por cada exhalación. Habiendo caminado la distancia propuesta, descubrí que podía seguir, quizá otro kilómetro, y tal vez otro más.

"Esto me daba ánimo. La falsa sensación de debilidad física desaparecía (siendo ésta un síntoma característico de la depresión). El caminar y, especialmente, el respirar eran una poderosa forma de afirmar la vida y el vivir, y de alejarme del fracaso y de la muerte. El contar representaba una forma mínima de disciplinar la concentración, para descansarme y deshacerme un rato del temor y de la culpabilidad que me estaban carcomiendo".

CARTA, 1960

93

Atmósfera de la Gracia

A aquellos de nosotros que nos hemos acostumbrado a valernos asiduamente de la oración, el tratar de desenvolvernos sin rezar nos parecería tan poco sensato como privarnos del aire, de la comida o de la luz del sol. Y por la misma razón. Cuando nos privamos del aire, de la comida, o de la luz del sol, el cuerpo sufre. Y de la misma manera, cuando nos negamos a rezar y a meditar, privamos a nuestras mentes, a nuestras emociones y a nuestras intuiciones de un apoyo vital y necesario.

Así como el cuerpo puede fallar en sus funciones por falta de alimento, también puede fallar el alma. Todos tenemos necesidad de la luz de la realidad de Dios, del alimento de su fortaleza y del ambiente de su gracia. Las realidades de la vida de A.A. confirman esta verdad eterna de una manera asombrosa.

94

"...en Todos Nuestros Asuntos"

El propósito principal de A.A. es la sobriedad. Todos nos damos cuenta de que, sin la sobriedad, no tenemos nada.

"No obstante, en lo que concierne al miembro individual, es posible ampliar este sencillo objetivo, convirtiéndolo en un montón de tonterías. A veces le oímos decir, en efecto: 'La sobriedad es mi única responsabilidad. A fin de cuentas, aparte de mi forma de beber, soy un hombre decente. Dame la sobriedad, y lo tendré todo logrado'.

"Mientras que nuestro amigo se aferra a este pretexto cómodo, hará tan escaso progreso con los problemas y responsabilidades reales de su vida que corre un gran riesgo de volver a beber. Esa es la razón por la que el Paso Doce de A.A. nos insta a 'practicar estos principios en todos nuestros asuntos'. No vivimos únicamente para estar sobrios; estamos viviendo para aprender, para servir, y para amar".

CARTA, 1966

Un Jardín de Infancia Espiritual

"No dirigimos sino un jardín de infancia espiritual, en el que se hace posible a los borrachos superar la bebida y encontrar la gracia para vivir de mejor manera. La teología de cada cual tiene que ser su propia búsqueda, su propio asunto".

* * * * *

Cuando se estaba planeando el Libro Grande, algunos miembros creían que debería ser un texto cristiano en el sentido doctrinal. Otros no tenían ningún reparo en emplear la palabra "Dios", pero querían evitar las cuestiones doctrinales. Espiritualidad, sí. Religión, no. Otros querían un libro psicológico que atrajera al alcohólico. Una vez llegado a nuestras salas, podría tomar o dejar a Dios según mejor le pareciera.

Para el resto de nosotros, ésta fue una propuesta escandalosa, pero afortunadamente les escuchamos. La conciencia de nuestro grupo estaba trabajando para construir el más aceptable y efectivo libro posible.

Cada uno desempeñaba su papel asignado. Nuestros ateos y agnósticos habían ampliado nuestro portal para que todos los que aún sufrían pudieran pasar, sin importar sus creencias o falta de creencias.

1. CARTA, 1954
2. A.A. LLEGA A SU MAYORIA DE EDAD, págs. 162, 163, 167

Cuando los Defectos no son los más Perniciosos

Casi toda persona desea liberarse de sus defectos más notorios y destructivos. Nadie quiere ser tan orgulloso como para que los demás le ridiculicen por ser un fanfarrón, ni tan avaricioso que se le acuse de ladrón. Nadie quiere que su ira le impulse a matar, ni que su lujuria le incite a violar, ni que su gula le lleve a arruinar su salud. Nadie quiere verse atormentado por el sufrimiento crónico de la envidia, ni paralizado por la pereza.

Naturalmente, la mayoría de los seres humanos no sufren de estos defectos en un grado tan extremo, y es probable que nosotros los que hemos escapado de estos extremos tendamos a felicitarnos. Pero, ¿debemos hacerlo? Al fin y al cabo, ¿no ha sido el amor propio, puro y simple, el que nos ha hecho posible escapar? No se requiere mucho esfuerzo espiritual para evitar los excesos que siempre traen consigo un castigo inevitable. Pero cuando nos enfrentamos con los aspectos menos violentos de estos mismos defectos, entonces, ¿cuál es nuestra reacción?

Dignidad por Medio del Sacrificio

Primero sacrificamos el alcohol. Tuvimos que hacerlo; si no, nos habría matado. Pero no podíamos deshacernos del alcohol mientras no hiciéramos otros sacrificios. Teníamos que echar por la ventana la autojustificación, la autoconmiseración y la ira. Teníamos que abandonar el alocado concurso por ganar prestigio personal y grandes cantidades de dinero. Teníamos que asumir personalmente la responsabilidad de nuestra lamentable situación y dejar de culparles de ella a otros.

¿Eran esas acciones sacrificios? Sí, lo eran. Para ganar la suficiente humildad y dignidad como para sobrevivir, teníamos que abandonar lo que habría sido nuestra más querida posesión: nuestras ambiciones y nuestra vanidad.

La Ira — Enemigo Personal y del Grupo

"Como queda expresado en el libro Alcohólicos Anónimos: 'El Resentimiento es el ofensor Número Uno'. Es la primera causa de las recaídas a beber. Bien lo sabemos los A.A.: 'Beber significa volverse loco finalmente o morir'.

"Un castigo muy parecido amenaza al grupo de A.A. Con un grado suficiente de ira, se pierden tanto la unidad como el propósito. Con un grado mayor de indignación 'virtuosa', el grupo puede desintegrarse, en realidad, puede morir. Por ello, evitamos la controversia. Por ello, no prescribimos ningún castigo por ningún tipo de mala conducta, por grave que sea. De hecho, no se puede privar a ningún alcohólico de su derecho a pertenecer por causa alguna.

"El castigo nunca sana a nadie. Sólo el amor puede sanar".

CARTA, 1966

El que Recae Necesita Comprensión

"A menudo se pueden atribuir las recaídas a la rebeldía; algunos de nosotros somos más rebeldes que otros. Las recaídas pueden ser debidas a la ilusión de que uno puede curarse del alcoholismo. Las recaídas también pueden ser atribuidas al descuido y a la satisfacción de sí mismo. Muchos de nosotros no logramos capear sobrios estos temporales. Las cosas siguen bien por dos o tres años — y luego, no se ve más al compañero. Algunos de nosotros sufrimos de un excesivo sentimiento de culpabilidad por los vicios o las costumbres que no podemos o no queremos abandonar. El no estar suficientemente dispuestos a perdonarnos a nosotros mismos, y a rezar — esta combinación nos conduce a las recaídas.

"A algunos de nosotros, el alcohol nos ha causado más daño que a otros. Algunos nos vemos acosados por una serie de calamidades y no parece que podamos encontrar los recursos espirituales para superarlas. Algunos estamos físicamente enfermos. Otros que somos propensos a un agotamiento casi constante, a las inquietudes y a la depresión. Estas condiciones a menudo contribuyen a las recaídas — a veces son los factores dominantes".

CHARLA, 1960

100

La Montaña Olvidada

Cuando era niño adquirí algunos de los rasgos de
carácter que tuvieron tanto que ver con mi insaciable deseo de alcohol. Crecí en un pueblecito de
Vermont, bajo la sombra de una montaña llamada Mount Aeolus. Uno de mis primeros recuerdos
es el de mirar hacia arriba y ver aquella enorme y
misteriosa montaña y preguntarme qué era y si
algún día yo podría escalar tan alto. Pero en ese
momento mi tía me distrajo la atención con un
dulce de chocolate como regalo por mi cuarto
cumpleaños. Durante los siguientes treinta y cinco
años, yo perseguí los dulces de la vida y me olvidé
completamente de la montaña.

* * * * *

Cuando nuestros excesos no llegan al grado de
arruinar nuestra salud, solemos darles un nombre
más benigno; decimos que "disfrutamos de nuestro bienestar".

1. A.A. LLEGA A SU MAYORIA DE EDAD, págs. 52-53
2. DOCE Y DOCE, pág. 64

101

"El Aspecto Espiritual"

Con mucha frecuencia, sentados en las reuniones de A.A., oímos decir al que habla, "Pero yo no he captado todavía el aspecto espiritual". Antes de decirlo, había descrito un milagro de transformación que le había sucedido a él — no solamente su liberación del alcohol, sino también un cambio completo de su total actitud respecto a la vida y la manera de vivirla.

A casi todos los presentes, les resulta evidente que él ha recibido un gran regalo, y que este regalo está fuera de toda proporción con todo lo que se puede esperar de la mera participación en A.A. Así que los que estamos en el auditorio nos sonreímos y nos decimos, "este tipo está rebosante de espiritualidad — ¡aunque parece no saberlo aún!"

El Hablar que Sana

Al consultar con un amigo de A.A., no debemos vacilar en recordarle la necesidad de guardar nuestras palabras en secreto. Por lo general, entre los A.A. la comunicación íntima es tan espontánea y tan fácil que es posible que un consejero de A.A. se olvide de que hay ocasiones en que esperamos que permanezca callado. Nunca se debe violar el carácter sagrado de esta relación humana, tan necesaria para nuestra recuperación.

Estas comunicaciones privadas son de un valor inapreciable. En ellas encontramos la oportunidad ideal de ser todo lo honrados que nos es posible ser. No tenemos que considerar la posibilidad de causar daño a otra gente, ni temer a la burla o la condena. Además, tenemos la mayor probabilidad de descubrir el autoengaño.

Los Principios antes de la Conveniencia

Es cierto que la mayoría de nosotros creíamos deseable tener un buen carácter. El buen carácter evidentemente era algo que se necesitaba para seguir en el empeño de satisfacer nuestros deseos. Con una apropiada muestra de honradez y moralidad, tendríamos una mayor probabilidad de conseguir lo que realmente queríamos. Pero siempre que teníamos que escoger entre el carácter y la comodidad, la formación de carácter se perdió en el polvo que levantábamos al perseguir lo que creíamos era la felicidad. Muy rara vez considerábamos la formación de carácter como algo deseable en sí mismo. Nunca se nos ocurrió basar nuestras vidas cotidianas en la honradez, la tolerancia y el verdadero amor a Dios y a nuestros semejantes.

* * * * *

Cómo traducir una apropiada convicción mental en un apropiado resultado emocional y así en una vida tranquila feliz y agradable es el problema de la vida misma.

Nuestro Nuevo Patrón

Teníamos un nuevo Patrón. Siendo Todopoderoso, El proveía todo lo que necesitábamos si nos
manteníamos cerca de El y desempeñábamos bien
Su trabajo.

Establecidos sobre esta base, empezamos a intere-
sarnos cada vez menos en nosotros mismos, en
nuestros planes y en nuestros proyectos. Nos interesamos cada vez más en ver con qué podíamos
contribuir a la vida.

A medida que sentimos afluir en nosotros un poder nuevo, que gozamos de tranquilidad mental,
que descubrimos que podíamos encarar la vida sa-
tisfactoriamente, que llegamos a estar conscientes
de Su Presencia, empezamos a perder nuestro temor al hoy, al mañana o al futuro. Renacimos.

105

Adelante

Dedicar demasiado tiempo a un alcohólico en particular es negarle a otro la oportunidad de vivir y ser feliz. Uno de los de nuestra agrupación fracasó con sus primeros seis candidatos. Frecuentemente dice que si hubiera seguido trabajando con ellos, podría haber privado de la oportunidad a muchos otros que desde entonces se han recuperado.

* * * * *

"Nuestra responsabilidad primordial con el principiante es hacerle una presentación adecuada del programa. Si él o ella no hace nada, o comienza a disputar, no hacemos nada, sino mantener nuestra propia sobriedad. Si empieza a adelantarse, aunque sea poca distancia, con una mentalidad abierta, podemos hacer todo esfuerzo para ayudarle en todo lo que podamos".

1. ALCOHOLICOS ANONIMOS, pág. 96
2. CARTA, 1952

La "Perfecta" Humildad

Por mi parte, trato de formular la definición más exacta de la humildad que yo pueda imaginar. Esta definición no tiene que ser perfecta — porque yo nunca seré perfecto.

En este momento, elegiría la siguiente: "La humildad perfecta sería un estado de total liberación de mí mismo, una liberación de todas las pesadas exigencias que ahora me imponen mis defectos de carácter. La humildad perfecta sería una plena disposición, a toda hora y en todo lugar, a saber y hacer la voluntad de Dios".

Al meditar sobre esta visión, no debo sentirme descorazonado ante la certeza de que nunca la alcanzaré, ni debo hincharme con la presunción de que algún día poseeré todas sus virtudes.

Lo único que debo hacer es contemplar esta imagen, y dejarla seguir creciendo y llenándome el corazón. Al haberlo hecho, puedo comparar el resultado con el de mi último inventario. Puedo formarme una idea sana y cuerda de dónde me encuentro en el Camino de la Humildad. Veo que apenas he empezado mi viaje hacia Dios.

Al verme reducido así a mi justo tamaño y proporción, mi vanidad y engreída preocupación por mí mismo me parecen cosas de risa.

Dos Tipos de Orgullo

La soberbia rectitud de la "buena gente" suele ser tan destructiva como los notorios fallos de los supuestos pecadores.

* * * * *

Nos encantaba recalcar el hecho de que millones de los "buenos hombres de la religión" seguían matándose, los unos a los otros, en nombre de Dios. Todo esto, por supuesto, significaba que habíamos sustituido los pensamientos positivos por los negativos.

Después de unirnos a A.A., tuvimos que darnos cuenta de que esa actitud nos había servido para inflar nuestros egos. Al destacar los pecados de algunas personas religiosas, podíamos sentirnos superiores a todos los creyentes. Además, podíamos evitarnos la molestia de reconocer algunos de nuestros propios defectos.

El fariseísmo, que tan desdeñosamente habíamos condenado en los demás, era precisamente el mal que a nosotros nos aquejaba. Esta respetabilidad hipócrita era nuestra ruina, en cuanto a la fe. Pero finalmente, al llegar derrotados a A.A., cambiamos de parecer.

1. GRAPEVINE, Agosto de 1961
2. DOCE Y DOCE, pág. 28

108

Aprender en la Quietud

En 1941, un recorte de prensa fue llevado a nuestra atención por un miembro de Nueva York. En un obituario de un periódico local, aparecían estas palabras: "Dios, concédenos serenidad para aceptar las cosas que no podemos cambiar, valor para cambiar las que podemos y sabiduría para reconocer la diferencia".

Nunca habíamos visto tanta filosofía de A.A. en tan pocas palabras. Con velocidad sorprendente la Oración de la Serenidad llegó al uso general.

* * * * *

En la meditación, no hay lugar para el debate. Descansamos tranquilamente con los pensamientos de alguien que sabe, a fin de poder experimentar y aprender. Este es el estado de ser que muy a menudo pone al descubierto y profundiza nuestro contacto consciente con Dios.

1. A.A. LLEGA A SU MAYORIA DE EDAD, pág. 196
2. DOCE Y DOCE, pág. 98

La Libertad por Medio de la Aceptación

Admitimos que no podíamos derrotar al alcohol con los recursos que nos quedaban y por eso aceptamos el nuevo hecho de que la dependencia de un Poder Superior (aunque sólo fuera nuestro grupo de A.A.) podría realizar esta tarea que hasta ahora había sido imposible. En el momento en que pudimos aceptar totalmente estos hechos, empezó nuestra liberación de la obsesión por el alcohol.

Este par de aceptaciones nos había requerido a la mayoría de nosotros un gran esfuerzo. Tuvimos que abandonar toda nuestra querida filosofía de la autosuficiencia. Esto no se consiguió con la acostumbrada fuerza de voluntad; se trataba más bien de un asunto de desarrollar la buena disposición a aceptar estas nuevas realidades de la vida.

Ni huimos ni peleamos. Pero sí aceptamos. Y entonces nos liberamos.

110

La Dificultad: ¿Constructiva o Destructiva?

"Hubo un tiempo en que ignorábamos las dificultades, esperando que se esfumaran. O, temerosos y deprimidos, huíamos de ellas, sólo para descubrir que aún estaban con nosotros. A menudo, llenos de insensatez, amargura y culpabilidad, nos resistíamos. Estas actitudes equivocadas, impulsadas por el alcohol, aseguraban nuestra destrucción a menos que las cambiáramos.

"Luego vino A.A. Allí aprendimos que de hecho las dificultades son para todos cosas de la vida — cosas que se tienen que entender y con las que hay que enfrentarse. Para nuestra sorpresa, descubrimos que nuestras dificultades, bajo la gracia de Dios, podrían ser convertidas en bendiciones inimaginables.

"Esa era, en realidad, la misma esencia de A.A.: las dificultades aceptadas, las dificultades honradamente enfrentadas con un valor tranquilo, las dificultades aminoradas y, a menudo, superadas. Esa era la historia de A.A., y llegamos a ser una parte de ella. Tales demostraciones iban formando nuestro acervo para los enfermos que vendrían".

CARTA, 1966

Repasar el Pasado

Debemos hacer un repaso minucioso y realmente exhaustivo de nuestra vida pasada para ver cómo ha afectado a otras personas. En muchos casos veremos que, aunque el daño causado a otros no ha sido muy serio, el daño emocional que nos hemos hecho a nosotros mismos ha sido enorme.

Además, los conflictos emocionales, muy profundos, y a veces totalmente olvidados, persisten de forma desapercibida en el subconsciente. Por lo tanto, debemos intentar recordar y repasar esos acontecimientos pasados que provocaron estos conflictos originalmente y que siguen retorciendo violentamente nuestras emociones, dejando así manchadas nuestras personalidades y trastornando nuestras vidas.

* * * * *

"Reaccionamos más fuertemente que la gente normal ante las frustraciones. Volviendo a vivir estos episodios y hablando acerca de ellos de una forma estrictamente confidencial con otra persona, podemos reducir su tamaño y, consecuentemente, su potencia en nuestro inconsciente".

1. DOCE Y DOCE, págs. 77-78
2. CARTA, 1957

112

¿Seguridad Absoluta?

Al ingresar en A.A. y contemplar el espectáculo de años de despilfarro, nos entró el pánico. Nuestro objetivo principal ya no era dar la impresión de nadar en dinero; ahora exigíamos la seguridad material.

Incluso cuando nuestros negocios se habían restablecido, estos temores espantosos seguían atormentándonos. Esto volvió a convertirnos en avaros y tacaños. Era imprescindible que tuviéramos una total seguridad económica.

Nos olvidamos de que la mayoría de los alcohólicos en A.A. tienen un potencial de ingresos mucho más alto que el promedio; nos olvidamos de la inmensa buena voluntad de nuestros hermanos de A.A. que estaban muy deseosos de ayudarnos a conseguir mejores trabajos cuando los mereciéramos; nos olvidamos de la inseguridad económica, real o posible, de todos los seres humanos del mundo. Y, lo peor de todo, nos olvidamos de Dios. En los asuntos de dinero, sólo teníamos fe en nosotros mismos e incluso ésta era una fe muy pobre.

113

Para ser Imparciales

Creo que, con demasiada frecuencia, hemos despreciado e incluso ridiculizado los proyectos de nuestros amigos, simplemente porque no siempre vemos el asunto con los mismos ojos que ellos.

Con toda gravedad posible, debemos hacernos la pregunta, ¿cuántos alcohólicos han seguido bebiendo simplemente porque nosotros no hemos cooperado de buena fe con esas numerosas agencias — ya sean buenas o malas o regulares? Ningún alcohólico debe volverse loco o morir, por el mero hecho de no haber venido directamente a A.A.

* * * * *

Nuestro primer objetivo será adquirir un dominio de nosotros mismos. Esto tiene la más alta prioridad. Cuando hablamos o actuamos de forma apresurada o precipitada, vemos desvanecerse en el momento nuestra capacidad de ser justos o tolerantes.

1. GRAPEVINE, Julio de 1965
2. DOCE Y DOCE, pág. 89

Ningún Poder Personal

"Al principio, el remedio para mis dificultades personales me parecía tan obvio que no me podía imaginar a ningún alcohólico que pudiera rechazarlo, si se le presentara de la forma apropiada. Creyendo tan firmemente que Cristo puede hacer cualquier cosa, tenía la presunción inconsciente de que lo haría todo por medio de mí — enseguida y de la forma que eligiera yo. Después de seis largos meses, tuve que confesar que ni un alma se hubiera asido al Maestro, sin exceptuarme a mí mismo.

"Esto me llevó a la sana conclusión de que había muchísimas situaciones en el mundo ante las cuales yo no tenía ningún poder personal — que si estaba tan dispuesto a admitir que éste era el caso respecto al alcohol, tendría que reconocer lo mismo respecto a otros muchos asuntos: tendría que sosegarme y saber que El, no yo, era Dios".

La Esencia del Desarrollo

No temamos nunca a los cambios necesarios. Naturalmente, tenemos que distinguir entre los cambios que conducen a la mejora y los cambios que nos llevan de mal en peor. No obstante, en cuanto se pone bien evidente la necesidad de cambiar, personalmente, en el grupo o en A.A. como una totalidad, ya hace tiempo que nos dimos cuenta de que no podemos quedarnos quietos y hacer la vista gorda.

La esencia de todo progreso es la buena disposición para hacer los cambios que conducen a lo mejor y luego la resolución de aceptar cualesquier responsabilidades que estos cambios nos entrañen.

116

La Visión de Cada Individuo

"Aparte de un Poder Superior, como cada cual Lo conciba, A.A. no debe nunca, como Comunidad, entrar en el campo del dogma o de la teología. No podemos nunca convertirnos en una religión en este sentido para no acabar con nuestra utilidad, atascándonos en controversias teológicas".

* * * * *

"Respecto a A.A., lo verdaderamente extraordinario es que todas las religiones ven alguna similitud entre nuestro programa y el suyo. Por ejemplo, los teólogos católicos dicen que nuestros Doce Pasos concuerdan perfectamente con los Ejercicios Para el Retiro de San Ignacio, y, aunque nuestro libro huele a pecado, a enfermedad y a muerte, la redacción del *Christian Science Monitor* a menudo lo ha alabado.

"Y ahora, desde el punto de vista de los Quakers, tú también nos ves favorablemente. ¡Qué felices circunstancias son éstas!"

1. CARTA, 1954
2. CARTA, 1950

La Sensación de Pertenecer

Tal vez una de las recompensas más grandes de la meditación y la oración es la sensación que nos sobreviene de pertenecer. Ya no vivimos en un mundo totalmente hostil. Ya no somos personas perdidas, atemorizadas e irresolutas.

En cuanto vislumbramos la voluntad de Dios, en cuanto empezamos a ver que la verdad, la justicia y el amor son las cosas reales y eternas de la vida, ya no nos sentimos tan perplejos y desconcertados por toda la aparente evidencia de lo contrario que nos rodea en nuestros asuntos puramente humanos. Sabemos que Dios nos cuida amorosamente. Sabemos que cuando acudimos a El, todo irá bien con nosotros, aquí y en el más allá.

118

El Preludio del Programa

Muy poca gente tratará de practicar sinceramente el programa de A.A. a menos que haya tocado fondo. Porque la práctica de los restantes once Pasos de A.A. supone actitudes y acciones que casi ningún alcohólico que todavía bebe podría siquiera soñar en adoptar. Al alcohólico típico, extremadamente egocéntrico, no le interesa esta perspectiva — a menos que tenga que hacer estas cosas para conservar su propia vida.

* * * * *

Sabemos que el recién llegado tiene que "tocar fondo". Si no, no se puede lograr mucho. Ya que somos borrachos que le comprendemos a él, podemos valernos a fondo del cascanueces de "obsesión-más-alergia" como una herramienta de tal potencia que puede hacer añicos su ego. Unicamente de esta manera, puede él ser convencido de que por sí mismo, contando solamente con sus propios recursos, tiene poca o ninguna posibilidad de recuperarse.

1. DOCE Y DOCE, pág. 22
2. A.A. HOY EN DIA

En el Camino Ancho

"Ahora me doy cuenta de que mi antigua predisposición contra los clérigos era ciega y equivocada. Ellos han mantenido viva a lo largo de los siglos, una fe que pudiera haber sido completamente extinguida. Me enseñaron el camino, pero no les presté atención alguna, tan engreído como estaba y tan lleno de prejuicios.

"Cuando logré abrir los ojos, lo hice por no tener otro remedio. Y el hombre que me enseñó la verdad era un compañero de fatigas y un lego. Por medio de él, por fin pude ver, y pasé del abismo a tierra firme, sabiendo de repente que mis pies estaban en el camino ancho, si me decidiera a caminar".

CARTA, 1940

120

De Viva Voz

"A mi parecer, no se puede hacer la más mínima objeción a los grupos que desean mantenerse estrictamente anónimos, ni a los individuos que no quieren que nadie sepa que son miembros de A.A. Es asunto suyo, y esto es una reacción muy natural.

"Sin embargo, la mayoría de la gente se da cuenta de que el anonimato llevado a este grado no es necesario, ni siquiera deseable. Una vez que se está bastante sobrio y seguro de estarlo, no parece haber ningún motivo para no hablar de su pertenencia a A.A. en los lugares apropiados. Esto tiende a atraer más gente a la Comunidad. La comunicación de viva voz es uno de nuestros más importantes medios de transmisión.

"Entonces, no debemos criticar ni a los que quieren mantenerse callados, ni a los que desean hablar demasiado respecto a su pertenencia a A.A., con tal de que no lo hagan ante el público en general, comprometiendo así a nuestra Comunidad entera".

CARTA, 1962

No Estamos Peleando

Hemos cesado de pelearnos con todo y con todos, aun con el alcohol; porque para entonces se habrá recuperado el sano juicio. Ahora reaccionamos juiciosa y normalmente, y percibimos que esto ha sucedido casi automáticamente. Comprenderemos que nuestra nueva actitud ante el alcohol es realmente una dádiva de Dios.

No estamos peleando ni evitando la tentación. Ahí está el milagro. Ni siquiera hemos hecho un juramento. En lugar de eso, el problema ha sido eliminado. Ya no existe para nosotros. No somos engreídos ni estamos temerosos. Esa es nuestra experiencia.

Así es como reaccionamos, siempre que nos mantengamos en buena condición espiritual.

La Buena Voluntad es la Llave

Por mucho que desee tratar de hacerlo, ¿cómo puede exactamente poner su voluntad y su propia vida al cuidado de cualquier Dios que él cree que existe?

Un comienzo, incluso el más tímido, es lo único que hace falta. Una vez que hemos metido la llave de la buena voluntad en la cerradura, y tenemos la puerta entreabierta, nos damos cuenta de que siempre podemos abrirla un poco más.

Aunque la obstinación puede cerrarla otra vez de un portazo, como a menudo lo hace, siempre se volverá a abrir tan pronto como nos valgamos de la llave de la buena voluntad.

123

El Nuevo A.A. y su Familia

A causa del alcoholismo, se pueden producir situaciones anormales que perjudican la convivencia y la unión de un matrimonio. Si el marido es alcohólico, la mujer tiene que convertirse en cabeza y, a menudo, en sostén de la familia. A medida que se van empeorando las circunstancias, el marido se convierte en un niño enfermo e irresponsable al que hay que cuidar y rescatar de un sinfín de líos y apuros. Poco a poco, y normalmente sin que se dé cuenta, la mujer se ve forzada a hacer el papel de madre de un niño travieso; y el alcohólico, mientras tanto, va oscilando entre el amor y el odio a sus atenciones maternales.

Bajo la influencia de los Doce Pasos de A.A., a menudo se pueden corregir estas situaciones.

* * * * *

Ya sea que la familia siga sobre una base espiritual o no, el miembro que es alcohólico tiene que hacerlo si se ha de recuperar. Los otros tienen que estar convencidos de su nueva posición sin ninguna duda. Ver es creer para la mayoría de las familias que han tenido que vivir con un bebedor.

1. DOCE Y DOCE, pág. 115
2. ALCOHOLICOS ANONIMOS, pág. 135

Libertad de Elección

Al contemplar el pasado, nos damos cuenta de que nuestra libertad para tomar malas decisiones no era, después de todo, una verdadera libertad.

Cuando tomábamos una decisión porque "nos es imperativo" hacerlo, tampoco era una elección libre. Pero fue para nosotros un buen comienzo.

Al tomar una decisión porque debíamos hacerlo, estábamos haciendo algún progreso. Así estábamos mereciéndonos un poco de libertad, y preparándonos para tener más.

Y cuando en ocasiones podíamos tomar gustosamente la decisión apropiada, sin rebeldía, reserva o conflicto, teníamos nuestro primer indicio de lo que podría ser la perfecta libertad de acuerdo a la voluntad de Dios.

Mirar Más Allá del Horizonte

Mi taller se sitúa en una colina detrás de nuestra casa. Mirando hacia el valle, veo la casa comunitaria del pueblo en la cual se reúne nuestro grupo local. Más allá del círculo de mi horizonte está el mundo entero de A.A.

* * * * *

La unidad de A.A. es la cualidad más preciada que tiene nuestra Sociedad. Nuestras vidas, y las vidas de todos los que vendrán, dependen directamente de ella. O nos mantenemos unidos, o A.A. muere. Sin la unidad, cesaría de latir el corazón de A.A.; nuestras arterias mundiales dejarían de llevar la gracia vivificadora de Dios.

1. A.A. HOY EN DIA
2. DOCE Y DOCE, pág. 125

126

"Admitimos ante Dios..."

Con tal que no ocultes nada, cada minuto que pase te irás sintiendo más aliviado. Las emociones que has tenido reprimidas durante tantos años salen a la luz y, una vez iluminadas, milagrosamente se desvanecen. Según van desapareciendo los dolores, los reemplaza una tranquilidad sanadora. Y cuando la humildad y la serenidad se combinan de esta manera, es probable que ocurra algo de gran significación.

Muchos A.A., que una vez fueron agnósticos o ateos, nos dicen que en esta etapa del Quinto Paso sintieron por primera vez la presencia de Dios. E incluso aquellos que ya habían tenido fe, muchas veces logran tener un contacto consciente con Dios más profundo que nunca.

Persistencia en la Oración

A menudo tenemos tendencia a menospreciar la oración y la meditación, considerándolas como cosas que no son realmente necesarias. Creemos, sin duda, que son cosas que nos pueden ayudar a responder a algún problema urgente, pero al principio, muchos de nosotros somos propensos a considerar la oración como una especie de misteriosa maniobra de los clérigos, de la cual podemos esperar sacar algún beneficio de segunda mano.

* * * * *

En A.A. hemos llegado a reconocer como indudables los positivos y concretos resultados de la oración. Lo sabemos por experiencia. Todo aquel que haya persistido en rezar ha encontrado una fuerza con la que normalmente no podía contar. Ha encontrado una sabiduría más allá de su acostumbrada capacidad. Y ha encontrado, cada vez más, una tranquilidad de espíritu que no le abandona ante las circunstancias más difíciles.

DOCE Y DOCE
1. pág. 94
2. pág. 102

De Vuelta al Trabajo

Es muy posible que aprovechemos la pretendida falta de honradez de otra gente, utilizándola como una excusa plausible para no cumplir con nuestras propias obligaciones.

Algunos amigos fuertemente predispuestos contra el asunto me habían exhortado a que no volviera jamás a trabajar en Wall Street. Estaban convencidos de que el desenfrenado materialismo y duplicidad del distrito financiero obstaculizarían mi desarrollo espiritual. Ya que me sonaba tan noble su exhortación, me mantenía alejado del único trabajo que yo conocía. Por fin, al ver nuestra economía doméstica en quiebra total, súbitamente caí en la cuenta de que yo no había querido enfrentarme con la concreta necesidad de volver a trabajar. Así que reanudé mi trabajo en Wall Street. Y desde entonces, me he sentido muy contento de haberlo hecho. Tenía que volver a descubrir que hay mucha gente buena que trabaja allí en la Bolsa de Nueva York. Además, me era necesario tener la experiencia de mantenerme sobrio en el mismo ámbito en que el alcohol me había derrotado. Durante un viaje de negocios, relacionado con mis trabajos de Wall Street, que hice a Akron, Ohio en 1935, conocí por primera vez al Dr. Bob. Así que el nacimiento de A.A. dependía del hecho de que me estaba esforzando por cumplir con mi responsabilidad de ganarme el pan de cada día.

GRAPEVINE, Agosto de 1961

La Vía de la Fortaleza

No tenemos que disculparnos ante nadie por depender del Creador. Tenemos buen motivo para no creerlos a aquellos que creen que la espiritualidad es la vía de la debilidad. Para nosotros, es la vía de la fortaleza.

El veredicto de los siglos es que a los hombres de fe, rara vez les falta el valor. Confían en su Dios. Así que nunca nos disculpamos por creer en El. En vez de esto, tratamos de dejar que El demuestre, por medio de nosotros, lo que El puede hacer.

130

Nuestro Problema está Centrado en la Mente

Sabemos que mientras el alcohólico se aparta de la bebida, sus reacciones son muy parecidas a las de otros individuos. Tenemos igualmente la certeza de que una vez que se introduce en su sistema cualquier dosis de alcohol, algo sucede, tanto en el sentido físico como en el mental, que le hace prácticamente imposible parar de beber. La experiencia de cualquier alcohólico confirma esto ampliamente.

Estas observaciones serían académicas y no tendrían objeto si nuestro amigo no se tomara nunca la primera copa, poniendo así en movimiento el terrible ciclo. Por consiguiente, el principal problema del alcohólico está centrado en su mente más que en su cuerpo.

131

Los Obstáculos en Nuestra Senda

Vivimos en un mundo carcomido por la envidia. En menor o mayor grado, les infecta a todos. De este defecto, debemos de sacar una clara, aunque deformada, satisfacción. Si no, ¿por qué íbamos a malgastar tanto tiempo en desear lo que no tenemos en lugar de trabajar por conseguirlo, o en buscar atributos que nunca tendremos y sentirnos airados al no encontrarlos, en lugar de ajustarnos a la realidad y aceptarla?

* * * * *

A cada uno de nosotros le gustaría vivir en paz consigo mismo y con sus semejantes. Nos gustaría que se nos diera la seguridad de que la gracia de Dios puede hacer por nosotros aquello que no podemos hacer por nosotros mismos. Hemos observado que los defectos de carácter que se originan en deseos indignos y miopes son los obstáculos que bloquean nuestro camino hacia estos objetivos. Ahora vemos con claridad que hemos impuesto exigencias poco razonables en nosotros mismos, en otras personas, y en Dios.

132

"Las Inspecciones al Azar"

Un inventario instantáneo, si lo hacemos en medio de una perturbación parecida, puede contribuir mucho a apaciguar nuestras emociones borrascosas. Nuestros inventarios instantáneos se aplican principalmente a las circunstancias que surgen de manera imprevista en el vivir diario. Es aconsejable, cuando sea posible, posponer la consideración de nuestras dificultades crónicas y más arraigadas, hasta un tiempo que tenemos específicamente reservado para este fin.

El inventario rápido nos sirve para enfrentarnos a los altibajos cotidianos, en particular esas ocasiones en las que otras personas o acontecimientos inesperados nos hacen perder el equilibrio y nos tientan a cometer errores.

"La Gente Privilegiada"

Me di cuenta de que había estado viviendo muy aislado, muy alejado de mis compañeros, y muy sordo a esa voz interior. En vez de considerarme como un mero agente que llevaba el mensaje de experiencia, me había considerado como el fundador de A.A.

Cuánto mejor habría sido si hubiera sentido gratitud en vez de satisfacción de mí mismo — gratitud por haber padecido una vez los sufrimientos del alcoholismo, gratitud por el milagro de recuperación que la Providencia había obrado en mí, gratitud por el privilegio de servir a mis compañeros alcohólicos, y gratitud por los lazos fraternales que me unían a ellos en una camaradería cada vez más íntima como muy pocas sociedades humanas conocen.

Era verdad lo que me dijo el cura: "Su infortunio se ha convertido en su buenaventura. Ustedes los A.A. son gente privilegiada".

Los Derechos del Individuo

Creemos que no existe en el mundo otra comunidad que tenga más ferviente interés por cada uno de sus miembros; sin duda, no hay ninguna que defienda más celosamente el derecho del individuo a pensar, hablar y obrar según desee. Ningún A.A. puede obligar a otro a hacer nada; nadie puede ser castigado o expulsado.

Nuestros Doce Pasos de recuperación son sugerencias; en las Doce Tradiciones, que garantizan la unidad de A.A., no aparece ni una sola prohibición. Una y otra vez veremos la palabra "debemos", pero nunca "¡tienes que!"

* * * * *

"Aunque es tradicional que nuestra Comunidad no puede coaccionar a nadie, no supongamos, ni por un momento, que no nos vemos bajo ninguna restricción. En realidad, nos encontramos bajo una intensa coacción del tipo que viene embotellada. Nuestro antiguo tirano, el Rey Alcohol, está siempre listo para aferrarnos en sus garras.

"Por eso, el ser libre del alcohol es el gran 'deber' que tenemos que lograr; si no, nos volvemos locos, o morimos".

1. DOCE Y DOCE, págs. 125-126
2. CARTA, 1966

La Victoria en la Derrota

Convencido de que nunca podría encajar en ninguna parte, y prometiéndome que jamás me contentaría con ser de segunda categoría, me parecía que tenía que sobresalir en todo lo que decidiera hacer, ya fuera trabajo o diversión. A medida que esta atractiva fórmula para lograr una vida feliz empezó a tener éxito, según la definición del éxito que yo tenía entonces, comencé a encontrarme delirante de felicidad.

Pero cuando en ocasiones fracasaba en alguna empresa, me sentía inundado de un resentimiento y una depresión que sólo podían curarse con la próxima victoria. Por consiguiente, desde muy temprano llegué a valorar todo en términos de victoria o fracaso—"todo o nada". La única satisfacción que conocía era ganar.

* * * * *

Sólo por medio de la derrota total podemos dar nuestros primeros pasos hacia la liberación y la fortaleza. La admisión de nuestra impotencia personal resulta ser a fin de cuentas la base segura sobre la que se puede construir una vida feliz y útil.

1. GRAPEVINE, Enero de 1962
2. DOCE Y DOCE, pág. 19

136

Renunciar a los Defectos

Al repasar de nuevo aquellos defectos que aún no estamos dispuestos a abandonar, debemos derrumbar las barreras rígidas que nos hemos impuesto. Tal vez todavía nos veremos obligados a decir en algunos casos, "Aún no puedo abandonar esto..." pero nunca debemos decirnos, "¡Jamás abandonaré esto!"

Al decir "¡Nunca, jamás!" cerramos nuestra mente a la gracia de Dios. La demora es peligrosa y la rebeldía puede significar la muerte. Este es el punto en el que abandonamos los objetivos limitados, y nos acercamos a la voluntad de Dios para con nosotros.

DOCE Y DOCE, págs. 65-66

Más Allá del Agnosticismo

Nosotros, los de temperamento agnóstico, nos dimos cuenta de que tan pronto como pudimos hacer a un lado el prejuicio y manifestar siquiera la voluntad de creer en un Poder superior a nosotros mismos, comenzamos a obtener resultados; aunque le fuera imposible a cualquiera de nosotros definir cabalmente o comprender a ese Poder, que es Dios.

* * * * *

"Mucha gente me asegura con gran seriedad que el ser humano no tiene un mejor lugar en el universo que el de cualquier otro organismo que compite para sobrevivir, luchando a través de su vida sólo para perecer al final. Al oírlo, siento que aún prefiero aferrarme a la llamada ilusión de la religión, la cual según mi propia experiencia y de una forma significativa, me ha dicho algo muy diferente".

1. ALCOHOLICOS ANONIMOS, pág. 46
2. CARTA, 1946

Dos Caminos Para el Veterano

Los fundadores de muchos grupos acaban dividiéndose en dos clases conocidas en la jerga de A.A. como "ancianos estadistas" y "viejos resentidos".

El anciano estadista ve lo sabia que es la decisión del grupo de manejar sus propios asuntos y no siente ningún rencor al verse reducido a una posición menos importante. Su criterio, madurado por una larga experiencia, es equilibrado, él está dispuesto a quedarse al margen, esperando pacientemente el desarrollo de los acontecimientos.

El viejo resentido está igualmente convencido de que el grupo no puede funcionar sin él. El intriga constantemente para ser reelegido, y sigue consumido por la lástima de sí mismo. Casi todos los veteranos de nuestra Sociedad han pasado en alguna medida por esta fase. Afortunadamente, la mayoría de ellos sobreviven y se convierten en viejos estadistas. Llegan a constituir la verdadera y permanente dirección de A.A.

La Base de Toda Humildad

Mientras siguiéramos convencidos de poder vivir contando exclusivamente con nuestras propias fuerzas y nuestra propia inteligencia, nos era imposible tener una fe operante en un Poder Superior.

Y esto era cierto aun cuando creíamos que Dios existía. Podíamos tener sinceras creencias religiosas que resultaban infructuosas porque nosotros mismos seguíamos tratando de hacer el papel de Dios. Mientras insistiéramos en poner en primer lugar nuestra propia independencia, la verdadera dependencia de un Poder Superior era totalmente impensable.

Nos faltaba el ingrediente básico de toda humildad, el deseo de conocer y hacer la voluntad de Dios.

Los Defectos y las Reparaciones

Más que la mayoría de las personas, el alcohólico lleva una vida doble. Tiene mucho de actor. Ante el mundo exterior, representa su papel de actor. Este es el único que le gusta que vean sus semejantes. Quiere gozar de cierta reputación pero sabe en lo más íntimo de su ser que no se la merece.

* * * * *

La culpabilidad es la otra cara de la moneda de la soberbia. La culpabilidad nos encamina a la auto-destrucción, y la soberbia está encaminada a la destrucción de otra gente.

* * * * *

"El inventario moral es un análisis objetivo de los daños que sufrimos durante la vida y un esfuerzo sincero para considerarlos desde una perspectiva honesta. Esto tiene el resultado de sacar de nuestro interior el vidrio molido, aquella sustancia emocional que todavía nos corta y nos cohíbe".

1. ALCOHOLICOS ANONIMOS, pág. 73
2. GRAPEVINE, Junio de 1961
3. CARTA, 1957

"Devolvernos el Sano Juicio"

Son muy contados los alcohólicos activos que tan siquiera tienen una vaga idea de lo irracionales que son o que, si llegan a darse cuenta de su insensatez, pueden soportarla. Algunos están dispuestos a decir que son "bebedores problema", pero no pueden aceptar la sugerencia de que son, de hecho, enfermos mentales.

Un mundo que no distingue entre el bebedor normal y el alcohólico contribuye a que sigan en su ceguera. El "sano juicio" se define como "salud mental". Ningún alcohólico que analice fríamente su comportamiento destructivo, ya sea que haya destruido los muebles de su casa o su propia integridad moral, puede atribuirse a sí mismo la "salud mental".

DOCE Y DOCE, págs. 30-31

Los Instintos Dados por Dios

Al ser creados, fuimos dotados de instintos para un propósito. Sin ellos, no seríamos seres humanos completos. Si los hombres y las mujeres no se esforzaran por tener seguridad personal, si no se molestaran en cosechar su alimento o en construir sus moradas, no podrían sobrevivir. Si no se reprodujeran, la tierra no estaría poblada. Si no hubiera ningún instinto social, no existiría sociedad alguna.

No obstante, estos instintos, tan necesarios para nuestra existencia, a menudo sobrepasan con mucho los límites de su función apropiada. Poderosa y ciegamente, y muchas veces de una manera sutil, nos impulsan, se apoderan de nosotros, e insisten en dominar nuestras vidas.

* * * * *

Tratamos de formarnos un ideal cuerdo y sólido de nuestra futura vida sexual. Pusimos cada relación a esta prueba: ¿Era egoísta o no? Le pedimos a Dios que moldeara nuestros ideales y nos ayudara a vivir a la altura de ellos. Recordamos siempre que Dios nos había dado nuestros poderes sexuales y por consiguiente eran buenos, no para ser usados a la ligera o egoístamente, ni para ser menospreciados o aborrecidos.

1. DOCE Y DOCE, pág. 39
2. ALCOHOLICOS ANONIMOS, pág. 69

La Escuela de la Vida de A.A.

Me imagino que, dentro de A.A., siempre vamos a tener nuestros desacuerdos y discusiones. En la mayor parte, estas discusiones tratarán de cuál es la óptima forma de hacer el máximo bien para el máximo número de borrachos. Vamos a tener nuestras riñas y querellas infantiles acerca de pequeñas cuestiones de administración económica y quién va a dirigir a nuestros grupos durante los siguientes seis meses. Cualquier grupo de niños en desarrollo (y esto es lo que somos) no sería típico en absoluto si no actuara así.

Estos son los dolores de crecimiento de la infancia, y de hecho contribuyen a nuestro desarrollo y progreso. Superar problemas de este tipo en la escuela de la dura experiencia de A.A. es un ejercicio saludable.

¿Confianza Ciega?

"Con toda seguridad, no puede haber confianza donde no hay amor, ni verdadero amor donde reina la desconfianza maligna.

"Pero ¿nos exige la confianza que hagamos la vista gorda a los motivos de otra gente, o de hecho, a los nuestros? Claro que no; esto sería una locura. Sin duda, debemos considerar, en toda persona en que confiemos, tanto su capacidad para perjudicar como su capacidad para hacer el bien. Un inventario privado de este tipo puede enseñarnos el grado de confianza que debemos extender en cualquier situación determinada.

"No obstante, es necesario hacer este inventario con un espíritu de comprensión y amor. No hay nada que pueda influenciar tanto en nuestro criterio como las emociones negativas de recelo, envidia o ira.

"Habiendo investido a alguien de nuestra confianza, debemos hacerle saber que tiene nuestro apoyo completo. A causa de esto la mayoría de las veces él o ella responderán de forma magnífica, superando nuestras primeras esperanzas".

145

Asumir la Responsabilidad

Aprender a vivir con un máximo de paz, cooperación y compañerismo con todo hombre y mujer,
sean quienes sean, es una aventura conmovedora y
fascinante.

Cada miembro de A.A. se ha dado cuenta de que
no puede hacer casi ningún progreso en esta aventura hasta que no se vuelva atrás para repasar, mi-
nuciosa y despiadadamente, los desechos humanos
que ha dejado en su trayectoria.

* * * * *

El verdadero espíritu del Noveno Paso es la disposición a aceptar todas las consecuencias de nuestras acciones pasadas y, al mismo tiempo, asumir
responsabilidad por el biencstar de los demás.

DOCE Y DOCE
1. pág. 75
2. pág. 85

"Haz Como Hago..."

Tal vez con más frecuencia de la que creamos, seguimos sin comunicarnos en profundidad con aquellos que se encuentran angustiados ante el dilema de la incredulidad.

No hay nadie más sensible a la arrogancia espiritual, la soberbia y la agresividad que estas personas. No cabe duda de que nosotros olvidamos demasiado a menudo que lo son.

Durante los primeros años de A.A., casi logré arruinar la empresa total con esta especie de arrogancia inconsciente. Dios como yo Lo concebía tendría que ser así para todos. A veces, mi agresividad era sutil, y otras veces muy ruda. Pero de cualquier forma, era injuriosa —y tal vez letal— para numerosos incrédulos.

Huelga decir que estas actitudes no se manifiestan únicamente en el trabajo de Paso Doce. Es muy probable que van infiltrándose en nuestras relaciones con todo el mundo. Hoy todavía, me veo en ocasiones cantando ese mismo refrán obstaculizador: "Haz lo que yo hago, cree lo que yo creo, si no..."

GRAPEVINE, Abril de 1961

A.A. — *La Estrella Polar*

Podemos sentirnos agradecidos por toda agencia o método que intenta resolver el problema del alcoholismo — ya se trate de la medicina, la religión, la educación o la investigación. Debemos tener amplitud de mente ante todos esos esfuerzos y ser comprensivos cuando fracasan los mal aconsejados. Debemos tener presente que durante años A.A. funcionaba según un método de "pruebas y tanteos".

Nosotros como miembros individuales de A.A. podemos y debemos trabajar con aquellos que prometen tener éxito — aunque sólo sea un éxito limitado.

* * * * *

Cada uno de estos pioneros en el campo general dirían generosamente que si no hubiera sido por la prueba concreta de la recuperación en A.A., no podrían haber seguido con sus trabajos. A.A. era la estrella polar de esperanza y ayuda que les mantuvo en ello.

148

Más que un Consuelo

Cuando me siento deprimido, digo para mí mismo frases como éstas, "La pena es la piedra de toque del progreso"... "No temas a ningún mal"... "Esto también pasará"... "Esta experiencia se puede convertir en un beneficio".

Estos fragmentos de la oración me traen algo más que el mero consuelo. Me mantienen en la senda de la debida aceptación; disuelven mis temas obsesivos de culpabilidad, depresión, rebeldía y soberbia; y a veces me infunden el valor para cambiar las cosas que puedo cambiar, y la sabiduría para reconocer la diferencia.

Una Guía Hacia lo Mejor

A casi ninguno de nosotros le gustó el examen de conciencia, la nivelación del orgullo o la confesión de faltas que los Pasos requieren. Pero vimos que era efectivo en otros, y habíamos llegado a reconocer la inutilidad y la futileza de la vida tal como la habíamos estado llevando.

Por consiguiente, cuando se nos acercaron aquellos cuyo problema ya había sido resuelto, lo único que tuvimos que hacer fue recoger el simple juego de instrumentos espirituales que ponían en nuestras manos.

* * * * *

En las Tradiciones de A.A. está implícita la confesión de que nuestra comunidad tiene sus pecados. Admitimos que tenemos defectos de carácter como sociedad y que estos defectos nos amenazan continuamente. Nuestras Tradiciones son una guía hacia mejores formas de trabajo y de vida, y son para la supervivencia y armonía del grupo lo que los Doce Pasos son para la sobriedad y la paz mental de cada uno de los miembros.

1. ALCOHOLICOS ANONIMOS, pág. 25
2. A.A. LLEGA A SU MAYORIA DE EDAD, pág. 96

150

Sin Fronteras

La meditación es algo que siempre puede perfeccionarse. No tiene límites, ni de altura ni de amplitud. Aunque aprovechamos las enseñanzas y los ejemplos que podamos encontrar, la meditación es, en su esencia, una aventura individual, y cada uno de nosotros la practica a su manera. No obstante, siempre tiene un solo objetivo: mejorar nuestro contacto consciente con Dios, con su gracia, su sabiduría y su amor.

Y tengamos siempre presente que la meditación es, en realidad, de un gran valor práctico. Uno de sus primeros frutos es el equilibrio emocional. Valiéndonos de la meditación, podemos ampliar y profundizar el conducto entre nosotros y Dios, como cada cual Lo conciba.

151

Empezar Perdonando

En cuanto empezamos a pensar en una relación rota o retorcida con otra persona, nos ponemos emocionalmente a la defensiva. Para evitar mirar los daños que hemos causado a otra persona, nos enfocamos con resentimiento en el mal que nos ha hecho. Nos resulta aun más fácil hacerlo si, en realidad, esta persona no siempre se ha comportado bien. Triunfantes, nos aferramos a su mala conducta, convirtiéndola en el pretexto ideal para minimizar o ignorar nuestra propia mala conducta.

En este preciso instante tenemos que echar el freno. Recordemos que los alcohólicos no son los únicos aquejados de emociones enfermas. En muchos casos, estamos en realidad tratando con compañeros de sufrimiento, gente cuyos dolores hemos aumentado.

Si ahora nos encontramos a punto de pedir el perdón para nosotros mismos, ¿por qué no empezar perdonándolos a todos ellos?

Poder Milagroso

En lo más profundo de cada hombre, mujer y niño, está la idea fundamental de un Dios. Puede ser oscurecida por la calamidad, la pompa o la adoración de otras cosas; pero en una u otra forma, allí está. Porque la fe en un Poder superior al nuestro y las demostraciones milagrosas de ese poder en las vidas humanas, son hechos tan antiguos como el mismo hombre.

* * * * *

"A menudo, la fe puede ser adquirida por medio de la enseñanza inspirada, o por un convincente ejemplo personal de sus frutos. A veces, puede adquirirse por medio de la razón. Por ejemplo, muchos clérigos creen que Santo Tomás de Aquino verdaderamente demostró la existencia de Dios por pura lógica. Pero, ¿qué se puede hacer cuando todos estos métodos fallan? Esto era mi propio y grave dilema.

"No experimenté un despertar espiritual hasta que llegué a creer sin reserva que era impotente ante el alcohol, hasta que recurrí a un Dios que pudiera existir. Esta experiencia liberadora vino primero, y después me vino la fe — indudablemente una dádiva".

1. ALCOHOLICOS ANONIMOS, pág. 55
2. CARTA, 1965

Sin Ira

Supongamos que A.A. se encuentra expuesta a ataques públicos o es fuertemente ridiculizada; y supongamos que en este caso, las críticas tienen poca o ninguna justificación. La mejor defensa sería no hacer defensa de ninguna clase; es decir, mantener un completo silencio a nivel público. Si de buenas maneras no hacemos caso de ellos, es probable que sus ataques rápidamente cesen. Si persisten y se ve claramente que se trata de mala información, tal vez sea aconsejable tratar de comunicarse con ellos en forma cordial e informativa.

Pero si la crítica es parcial o totalmente justificada, puede que lo correcto sea reconocerlo privadamente a los críticos, dándoles nuestras gracias. Pero de ningún modo debemos exhibir una posición airada o intenciones punitivas.

* * * * *

Lo que tenemos que reconocer ahora es que algunos de nuestros defectos nos deleitan inmensamente. La ira farisaica también puede ser muy agradable. De una manera perversa, incluso nos puede satisfacer el hecho de que mucha gente nos fastidia, porque nos produce una sensación reconfortante de superioridad.

1. DOCE CONCEPTOS, pág. 88
2. DOCE Y DOCE, págs. 63-64

Las Recaídas — y el Grupo

Uno de los temores de los primeros días era el de las recaídas. Al principio casi todos los alcohólicos con quienes tratábamos empezaban a recaer, y eso si acaso lograban dejar de beber. Otros podían mantenerse abstemios seis meses, tal vez un año y luego recaían. Esto siempre era una verdadera catástrofe. Nos mirábamos unos a otros y decíamos: "¿Quién será el próximo?" Hoy en día, aunque las recaídas son dificultades muy serias, como grupo las tomamos con calma. El miedo se ha evaporado. El alcohol siempre amenaza al individuo, pero ya sabemos que no puede destruir el bienestar común.

* * * * *

"No parece tener sentido discutir con los que recaen sobre el método adecuado para volverse sobrios. A fin de cuentas, ¿Por qué los que están tomando deben decir a los que están sobrios cómo hacerlo?

"Hay que bromear con los muchachos — pregúntales si se están divirtiendo. Si se vuelven demasiado alborotadores o molestos, tendrás que quitarles amablemente de en medio".

1. A.A. LLEGA A SU MAYORIA DE EDAD, pág. 97
2. CARTA, 1942

155

Construido por Uno y por Muchos

Damos gracias a nuestro Padre Celestial quien, por medio de muchísimos amigos, conductos y canales, nos ha hecho posible construir este maravilloso edificio del Espíritu en el que ahora vivimos — esta catedral cuyos cimientos ya reposan en los rincones de la tierra.

En su gran suelo hemos inscrito nuestros Doce Pasos de Recuperación. En sus paredes laterales, hemos visto los contrafuertes de La Tradición puestos en su debido lugar para mantenernos unidos mientras Dios lo quiera. Y ahora nuestras diligentes manos y ardientes corazones han alzado la aguja de nuestra catedral. La aguja lleva el nombre de Servicio. Que siempre señale hacia arriba, hacia Dios.

* * * * *

No se deben solamente a unos pocos los avances extraordinarios de nuestra unidad y de nuestra capacidad para llevar el mensaje de A.A. a todas partes; en verdad, estas bendiciones primordiales se deben a los esfuerzos de todos nosotros.

1. A.A. LLEGA A SU MAYORIA DE EDAD, pág. 234
2. CHARLA, 1959

156

Percepción de la Humildad

Esta percepción perfeccionada de la humildad desencadena otro cambio revolucionario de nuestra perspectiva. Se nos empiezan a abrir los ojos a los inmensos valores que provienen directamente del doloroso desinflamiento del ego. Hasta este punto, nos hemos dedicado mayormente a huir del dolor y de los problemas. Nuestra solución siempre era la de valernos de la botella para escapar.

Entonces, en A.A., miramos alrededor nuestro y escuchamos. Y por todas partes veíamos los fracasos y los sufrimientos transformados por la humildad en bienes inapreciables.

* * * * *

Para los que hemos hecho progresos en A.A., la humildad equivale a un reconocimiento claro de lo que somos y quiénes somos realmente, seguido de un esfuerzo sincero de llegar a ser lo que podemos ser.

DOCE Y DOCE
1. págs. 61-62
2. pág. 55

157

La Imaginación Puede ser Constructiva

Recordamos, con cierto pesar, el enorme valor que solíamos dar a nuestra imaginación cuando intentaba fabricarnos una realidad basada en la botella. Sí, nos deleitábamos con esta forma de pensar, ¿verdad? Y aunque ahora nos encontramos sobrios, ¿no es cierto que a menudo intentamos hacer algo parecido?

Tal vez nuestro problema no era que utilizáramos nuestra imaginación. Tal vez el problema real era nuestra casi total incapacidad para encaminar nuestra imaginación hacia unos objetivos apropiados. La imaginación constructiva no tiene nada de malo; todo logro seguro y deseable se basa en ella. A fin de cuentas, nadie puede construir una casa hasta que no haya concebido un plan para hacerla.

158

La Tolerancia en Práctica

"Nos dimos cuenta de que era necesario hacer resaltar los principios de tolerancia y amor en la práctica. Nunca podíamos decir (ni dar a entender) a nadie que tenía que aceptar nuestra fórmula o ser excomulgado. El ateo puede ponerse de pie en una reunión de A.A., aun negando a Dios, y no obstante diciendo lo enormemente que han sido transformadas su actitud y su perspectiva. Mucha experiencia nos indica que, con respecto a Dios, prontamente cambiará de idea, pero nadie le dice que tenga que hacerlo.

"Para llevar aún más lejos el principio de inclusividad y tolerancia, no imponemos a nadie ningún requisito religioso. Todos los que tienen un problema alcohólico y quieren deshacerse de este problema y así poder adaptarse felizmente a las circunstancias de sus vidas, se hacen miembros de A.A. con sólo reunirse con nosotros. No se necesita más que la sinceridad. Pero ni siquiera exigimos ésta.

"En un ambiente así, los ortodoxos, los no ortodoxos y los incrédulos se mezclan alegre y útilmente. Todos tienen libre acceso a la oportunidad del desarrollo espiritual".

CARTA, 1940

Entre los Extremos

"La verdadera cuestión es si podemos aprender de nuestras experiencias algo que servirá de base sobre la cual podamos desarrollarnos y ayudar a otros a desarrollarse conforme a la imagen y semejanza de Dios.

"Sabemos que si nos rebelamos contra hacer lo que nos es razonablemente posible, entonces seremos penalizados. Y seremos asimismo penalizados si pretendemos tener una perfección que sencillamente no tenemos.

"Aparentemente, la trayectoria de la humildad y progreso relativos tendrá que trazarse entre estos dos extremos. En nuestro lento progreso, alejándonos de la rebeldía, la verdadera perfección está, sin duda, a una distancia de unos cuantos milenios".

CARTA, 1959

160

Los Racionalizadores y los Humildes

Nosotros los alcohólicos, somos los racionalizadores más grandes del mundo. Fortalecidos por el pretexto de hacer buenas cosas para A.A., podemos, con romper nuestro anonimato, reanudar nuestra vieja búsqueda desastrosa del poder personal y prestigio, de honores públicos y dinero: los mismos impulsos implacables que antes, al ser frustrados, nos hicieron beber.

* * * * *

El Dr. Bob era en esencia una persona más humilde que yo y el anonimato le resultaba fácil. Cuando se supo con seguridad que el Dr. Bob tenía una afección mortal, algunos de sus amigos sugirieron que se erigiese un monumento o mausoleo en su honor y en el de su esposa Anne, algo digno de un fundador y su esposa. Contándome esto, el Dr. Bob se sonrió ampliamente y dijo: "Dios los bendiga. Tienen buena intención. Pero por amor de Dios, Bill, ¿por qué no nos entierran a ti y a mí como a los demás?".

En el cementerio de Akron donde yacen el Dr. Bob y Anne, la sencilla lápida mortuoria no dice ni una palabra acerca de Alcohólicos Anónimos. Este ejemplo final de humildad tiene un valor más perdurable para A.A. que cualquier publicidad espectacular o mausoleo majestuoso.

A.A. LLEGA A SU MAYORIA DE EDAD
1. pág. 293
2. págs. 136-137

¿El Inventario de Quién?

No contamos las experiencias íntimas de otra persona, a menos que estemos seguros de que ésta lo aprobaría. Encontramos que es mejor, cuando se puede, limitarnos a nuestra propia historia. Un individuo puede criticarse o reírse de sí mismo y esto afectará favorablemente a otros, pero cuando la crítica o el ridículo se dirigen a otra persona, a menudo se produce el efecto contrario.

* * * * *

Un examen constante de nuestros puntos fuertes y débiles, y un sincero deseo de aprender y crecer por este medio son para nosotros necesidades. Los alcohólicos hemos aprendido esta lección por la dura experiencia. Claro está que, en todas las épocas y en todas partes del mundo, personas más experimentadas que nosotros se han sometido a una autocrítica rigurosa.

1. ALCOHOLICOS ANONIMOS, pág. 125
2. DOCE Y DOCE, pág. 86

162

"Mantengámoslo Sencillo"

"Tenemos que distinguir claramente entre la sencillez espiritual y la sencillez funcional.

"Cuando decimos que A.A. no preconiza ninguna propuesta teológica aparte de Dios como cada cual Lo concibe, simplificamos enormemente la vida de A.A. evitando conflictos y exclusividad.

"Pero al tratar de asuntos que se refieren a las acciones tomadas por los grupos, las áreas, y por A.A. en su totalidad, reconocemos que, hasta cierto grado, tenemos que organizarlo para llevar el mensaje o vernos confrontados con el caos. Y el caos no es sencillez".

* * * * *

Aprendí que lo temporal y aparentemente bueno puede ser a menudo el enemigo mortal de lo permanente y mejor. Al tratarse de la supervivencia de A.A., ningún esfuerzo que no sea nuestro mejor será lo suficientemente bueno.

1. CARTA, 1966
2. A.A. LLEGA A SU MAYORIA DE EDAD, pág. 294

163

Liberación y Alegría

¿Quién podría contar los sufrimientos que conocimos y quién podría apreciar lo liberados y alegres que nos habíamos sentido estos últimos años? ¿Quién podría prever las vastas consecuencias que las obras de Dios por medio de A.A. ya habían puesto en marcha?

Y ¿quién podría penetrar el misterio aún más profundo de nuestra liberación masiva de la esclavitud, una liberación de la más desesperada y funesta obsesión que desde hacía siglos ha tenido cautivados los cuerpos y las mentes de hombres y mujeres como nosotros?

* * * * *

Así es que creemos que la alegría y el sano reír contribuyen a la utilidad. Los extraños a veces se escandalizan cuando soltamos la carcajada por una aparentemente trágica experiencia del pasado. Pero ¿por qué no hemos de reír? Nos hemos recuperado y se nos ha dado el poder para ayudar a otros. ¿Qué mejor motivo podríamos tener para regocijarnos?

1. A.A. LLEGA A SU MAYORIA DE EDAD, pág. 44-45
2. ALCOHOLICOS ANONIMOS, pág. 132

164

Un Principio Salvador

Esta costumbre de reconocer los defectos de uno mismo ante otra persona es, por supuesto, muy antigua. Su valor ha sido confirmado en cada siglo, y es característico de las personas que centran sus vidas en lo espiritual y que son verdaderamente religiosas.

Pero hoy día no sólo la religión aboga a favor de este principio salvador. Los siquiatras y los sicólogos recalcan la profunda y práctica necesidad que tiene todo ser humano de conocerse a sí mismo y reconocer sus defectos de personalidad, y poder hablar de ellos con una persona comprensiva y de confianza.

En cuanto a los alcohólicos, A.A. iría aun más lejos. La mayoría de nosotros diríamos que, sin admitir sin miedo nuestros defectos ante otro ser humano, no podríamos mantenernos sobrios. Parece bien claro que la gracia de Dios no entrará en nuestras vidas para expulsar nuestras obsesiones destructoras hasta que no estemos dispuestos a intentarlo.

165

"Exito" en el Paso Doce

"Nos damos cuenta ahora de que, respecto al trabajo de Paso Doce, los resultados inmediatos no son tan importantes. Algunas personas comienzan a trabajar con otras y tienen éxitos inmediatos. Corren grandes riesgos de volverse engreídos. Aquellos de nosotros que no tenemos tanto éxito al principio, nos deprimimos.

"En realidad, el que trabaja con éxito difiere del que trabaja sin éxito únicamente por los candidatos que le caen en suerte. El venturoso simplemente encuentra a principiantes que están listos y dispuestos a dejar de beber enseguida. Con los mismos candidatos, el que trabaja aparentemente sin éxito habría producido casi los mismos resultados. Hay que trabajar con muchos principiantes antes de que la ley de probabilidades comience a manifestarse".

* * * * *

Toda verdadera comunicación tiene que basarse en una necesidad recíproca. Nos dimos cuenta de que todo padrino tendría que confesar humildemente sus propias necesidades tan claramente como las de su candidato.

1. CARTA, 1942
2. A.A. HOY EN DIA

No Temer a Ningún Mal

Los A.A. ahora nos encontramos viviendo en un mundo caracterizado más que nunca por los temores destructores. No obstante, en este mundo vemos también vastas áreas de fe y magníficas esperanzas de justicia y hermandad. Sin embargo, no hay ningún profeta que se atreva a predecir si el destino final de este mundo será una inmensa conflagración o el comienzo, según el designio de Dios, de la época más ilustrada e iluminada que haya conocido la humanidad.

Ya sé que a nosotros los A.A. este escenario nos resulta muy familiar. Cada uno en su propia vida ha pasado, en microcosmos, por este mismo estado de incertidumbre espantosa. Sin soberbia alguna, los A.A. podemos decir que no tenemos miedo de cuál pueda ser el destino final de este mundo, porque se nos ha posibilitado sentir y decir con seguridad, "No temeremos ningún mal — hágase Tu voluntad, no la nuestra".

Progreso en vez de Perfección

Al estudiar los Doce Pasos, muchos de nosotros exclamamos: "¡Vaya tarea! Yo no puedo llevarla a cabo". No te desanimes. Ninguno de nosotros ha podido mantenerse apegado a estos principios en forma ni siquiera aproximada a la perfección. No somos santos.

Lo importante es que estamos dispuestos a desarrollarnos de una manera espiritual. Los principios que hemos establecido son guías para nuestro curso. Lo que pretendemos es el progreso espiritual y no la perfección espiritual.

* * * * *

"Nosotros los alcohólicos recuperados no somos hermanos por nuestras virtudes, sino hermanos por nuestros defectos y por nuestros esfuerzos comunes para superarlos".

1. ALCOHOLICOS ANONIMOS, pág. 60
2. CARTA, 1946

Aceptar las Dádivas de Dios

"Aunque muchos teólogos mantienen que las súbitas experiencias espirituales representan una distinción especial, o incluso un tipo de elección divina, esta opinión me parece dudable. Cada ser humano, sea cual sea su capacidad para el bien o el mal, es una parte de la economía espiritual divina. Por ello, cada uno de nosotros tiene su lugar, y dudo de que Dios tenga la intención de elevar algunos sobre otros.

"Así que es necesario para todos nosotros aceptar con profunda humildad cualquier don positivo que recibamos, teniendo siempre presente que nuestras actitudes negativas fueron al principio necesarias como un medio para reducirnos a un estado en que estaríamos listos para aceptar como un regalo las positivas a través de la experiencia de conversión. Tu propio alcoholismo y el inmenso desinflamiento en que acabó por desembocar son verdaderamente las bases sobre las cuales descansa tu experiencia espiritual".

El Aprender Nunca Termina

"Mi propia experiencia como veterano corre pareja hasta cierto grado con la tuya y con la de otros muchos. Todos descubrimos que llega el momento en que no nos permiten que manejemos o dirijamos los asuntos administrativos del grupo, del área o, en mi propio caso, de A.A. en su totalidad. Al fin y al cabo, sólo merecemos el valor que nuestro ejemplo espiritual justifique. Hasta ese punto, llegamos a ser símbolos útiles y eso es todo".

* * * * *

"He llegado a ser un estudiante del movimiento de A.A. en lugar del maestro que una vez me creí".

1. CARTA, 1964
2. CARTA, 1949

170

¿La Voluntad de Quién?

Hemos visto a muchos A.A. pedir a Dios, con gran sinceridad y fe, que les dé Su orientación expresa referente a asuntos que abarcan desde una arrolladora crisis doméstica o financiera hasta cómo corregir algún pequeño defecto, como la falta de puntualidad. La persona que intenta dirigir su vida rígidamente por medio de esta clase de oración, esta exigencia egoísta de que Dios le responda, es un individuo especialmente desconcertante. Cuando se pone en duda o se critica cualquiera de sus acciones, inmediatamente las justifica citando su dependencia de la oración para obtener orientación en todo asunto, grande o pequeño.

Puede haber descartado la posibilidad de que sus propias fantasías y la tendencia humana a inventar justificaciones hayan distorsionado esa supuesta orientación. Con su mejor intención, tiende a imponer su propia voluntad en toda clase de situaciones y problemas, con la cómoda seguridad de que está actuando bajo la dirección específica de Dios.

1. DOCE Y DOCE, pág. 101

Los Dividendos y los Misterios

"La preocupación que A.A. tiene por la sobriedad está, a veces, mal entendida. A algunos les parece que esta sola virtud es el único dividendo de nuestra Comunidad. Se nos toma por borrachos secos que, en otros aspectos, han experimentado poco o ningún mejoramiento. Tal suposición no se acerca a la verdad. Sabemos que la sobriedad permanente puede lograrse únicamente por medio de una transformación revolucionaria de la vida y de la perspectiva del individuo — por un despertar espiritual que puede desterrar el deseo de beber".

* * * * *

"Te estás preguntando, como todos nosotros tenemos que hacer, '¿Quién soy?' — '¿Dónde estoy?' — '¿A dónde voy?' El proceso de iluminación normalmente es lento. Sin embargo, al fin, nuestra búsqueda siempre trae un hallazgo. Estos grandes misterios están envueltos en una simplicidad total. La disposición para desarrollarse es la esencia de todo progreso espiritual".

1. CARTA, 1966
2. CARTA, 1955

Esta Cuestión de la Honradez

"Sólo Dios puede saber perfectamente lo que es la honradez absoluta. Por lo tanto, cada uno de nosotros tiene que formarse una idea de lo que puede ser este magnífico ideal, según su propia capacidad.

"Falibles que somos y que seremos todos en esta vida, sería presuntuoso creer que pudiéramos en realidad lograr la honradez absoluta. Lo mejor que podemos hacer es esforzarnos por mejorar la calidad de nuestra honradez.

"A veces tenemos que anteponer el amor a la pura 'honradez objetiva'. No debemos, bajo el pretexto de la 'perfecta honradez', cruel e innecesariamente herir a otras personas. Siempre tenemos que hacernos la pregunta: '¿Qué es lo mejor y más cariñoso que puedo hacer?'"

CARTA, 1966

Raíces de la Realidad

Empezamos a hacer un inventario personal. Este era el Cuarto Paso. Un negocio del cual no se hace inventario con regularidad, va generalmente a la quiebra. El inventario comercial es un proceso para encontrar y encarar los hechos. Es un esfuerzo por descubrir la verdad sobre la mercancía que se tiene. Uno de los fines es encontrar cuál es la mercancía deteriorada o inservible que hay para deshacerse prontamente de ella sin lamentarlo. Si ha de tener éxito el propietario del negocio, no podrá engañarse acerca del valor de su mercancía.

Nosotros hicimos exactamente lo mismo con nuestras vidas. Hicimos un inventario sincero.

* * * * *

"Tengo excelentes motivos para creer que los momentos de percepción pueden irse acumulando para construir toda una vida de serenidad espiritual. Las raíces de la realidad, reemplazando la maleza neurótica, nos agarrarán firmemente a pesar del fuerte viento de las fuerzas que nos destruirían o que podríamos utilizar para destruirnos a nosotros mismos.

1. ALCOHOLICOS ANONIMOS, pág. 64
2. CARTA, 1949

174

Fuerzas Constructivas

El mío fue precisamente un estorbo del tipo que hoy en día vemos tan a menudo en los principiantes que dicen ser ateos o agnósticos. Su disposición a no creer es tan fuerte que aparentemente prefieren una cita con el empresario de pompas fúnebres a una búsqueda objetiva y experimental de Dios.

Afortunadamente para mí, y para la mayoría de aquellos de mi índole que han ingresado desde entonces en A.A., las fuerzas constructivas que se ponen en acción en nuestra Comunidad casi siempre han superado esta obstinación colosal. Totalmente derrotados por el alcohol, confrontados con una prueba viva de la liberación y luego rodeados por los que pueden hablar con nosotros de todo corazón, por fin nos hemos rendido.

Luego, paradójicamente, nos hemos encontrado en una nueva dimensión en el mundo real del espíritu y de la fe. Con la suficiente buena voluntad, la suficiente imparcialidad — y allí lo tenemos.

Aspectos de la Tolerancia

Toda clase de gente ha encontrado el camino de Alcohólicos Anónimos. Hace poco tiempo estuve conversando en mi oficina con una señora miembro de A.A. que ostenta el título de condesa. Esa misma noche fui a una reunión de A.A. Era una noche de invierno y a la entrada había un caballero de aspecto apacible recogiendo los abrigos. No estaba cobrando nada por hacerlo; lo hacía simplemente para prestar servicio. Pregunté: "¿Quién es ese tipo?"

Alguien me contestó: "Ha estado aquí durante mucho tiempo. Todo el mundo lo aprecia. Era uno de la banda de Al Capone". Así somos de universales en A.A. hoy en día.

* * * * *

No tenemos ninguna intención de convencer a nadie de que solamente hay una manera de adquirir la fe. Todos nosotros, cualquiera que sea nuestro color, raza o credo, somos criaturas de un Creador viviente con el que podemos establecer una relación basada en términos sencillos y comprensibles tan pronto como tengamos la buena voluntad y la honradez suficiente para tratar de hacerlo.

1. A.A. LLEGA A SU MAYORIA DE EDAD, pág. 102
2. ALCOHOLICOS ANONIMOS, pág. 28

La Dominación y la Exigencia

El hecho fundamental que nos hemos negado a reconocer es nuestra incapacidad para sostener una relación equilibrada con otro ser humano. Nuestra egomanía nos crea dos escollos desastrosos. O bien insistimos en dominar a la gente que conocemos, o dependemos excesivamente de ellos.

Si nos apoyamos demasiado en otras personas, tarde o temprano nos fallarán, porque también son seres humanos y les resulta imposible satisfacer nuestras continuas exigencias. Así alimentada, nuestra inseguridad va haciéndose cada vez más acusada.

Si acostumbramos a intentar manipular a otros para que se adapten a nuestros deseos obstinados, ellos se rebelan y se nos resisten con todas sus fuerzas. Entonces nos sentimos heridos, nos vemos afligidos de una especie de manía persecutoria y del deseo de vengarnos.

* * * * *

Mi dependencia significaba exigencia — una exigencia de apoderarme de la gente y de las condiciones que me rodeaban y de controlarlas.

---

1. DOCE Y DOCE, pág. 50
2. GRAPEVINE, Enero de 1958

El Dinero — Antes y Después

En nuestros días de bebedores, nos comportábamos como si tuviéramos fondos inagotables; pero entre borrachera y borrachera, a veces íbamos al otro extremo y nos volvíamos tacaños. Sin darnos cuenta, estábamos acumulando fondos para la próxima borrachera. El dinero era el símbolo del placer y de la presunción. Cuando nuestra forma de beber se empeoró aun más, el dinero no era sino una apremiante necesidad que nos podía comprar el próximo trago y el alivio pasajero de olvido que éste nos traía.

* * * * *

Aunque la recuperación económica esté en camino para muchos de nosotros, encontramos que no podíamos anteponer el dinero a todo. Para nosotros, el bienestar material siempre siguió al espiritual; nunca lo precedió.

1. DOCE Y DOCE, pág. 118
2. ALCOHOLICOS ANONIMOS, pág. 127

Con los Pies en la Tierra

Aquellos de nosotros que hemos pasado mucho tiempo en un mundo de ensueño, eventualmente nos hemos dado cuenta de la puerilidad de ello. Ese mundo de ensueño ha sido reemplazado por un gran sentido de la determinación acompañado de una creciente conciencia del poder de Dios en nuestras vidas.

Hemos llegado a creer que El quisiera que tuviéramos la cabeza con El en las nubes, pero que nuestros pies deben estar firmemente plantados en la tierra. Aquí es donde están nuestros compañeros de viaje y donde tiene que realizarse nuestro trabajo. Estas son nuestras realidades. No hemos encontrado nada incompatible entre una poderosa experiencia espiritual y una vida de sana y feliz utilidad.

179

Hacer Frente a la Ira

Poca gente ha sufrido más a causa de los resentimientos que nosotros los alcohólicos. Un arranque de mal genio nos podía estropear un día entero, y algún rencor cuidadosamente mimado podía convertirnos en seres inútiles. Y tampoco nos hemos mostrado muy diestros en distinguir entre la ira justificada y la no justificada. La ira, ese lujo ocasional de la gente más equilibrada, podía lanzarnos en borracheras emocionales de duración indefinida. Estas "borracheras secas" a menudo nos llevaban directamente a la botella.

* * * * *

No hay nada que nos recompense más que la moderación en lo que decimos y escribimos.

Tenemos que evitar las condenas irascibles y las discusiones arrebatadas e imperiosas. Tampoco nos conviene andar malhumoradamente resentidos o silenciosamente desdeñosos. Estas son trampas emocionales, y los cebos son el orgullo y la venganza. Al sentirnos tentados a tragar el anzuelo, debemos acostumbrarnos a hacer una pausa para recapacitar. Porque no podemos pensar ni actuar con buenos resultados hasta que el hábito de ejercer un dominio de nosotros mismos no haya llegado a ser automático.

DOCE Y DOCE
1. pág. 88
2. págs. 89-90

180

Problema Comunitario

Más que nada, la solución parece estar en la educación — educación en las escuelas, en las facultades de medicina, entre los clérigos y los patrones, en las familias y educación del público en general. Desde la cuna hasta la tumba, el borracho y el posible alcohólico tendrán que encontrarse en un ambiente de comprensión profunda y auténtica, y expuestos a un continuo bombardeo de información.

Esto quiere decir educación objetiva acerca de los hechos, presentada apropiadamente a los niños y a los adolescentes, en el hogar y en la escuela. Anteriormente, una gran parte de la educación consistía en atacar la inmoralidad de beber en lugar de la enfermedad del alcoholismo.

¿Quién se va a encargar de hacer todo este trabajo educativo? Obviamente, es tanto una tarea para la comunidad como para los especialistas. Individualmente, los A.A. podemos ayudar, pero A.A. como tal no puede, y no debe, intervenir directamente en este campo. Por lo tanto, tenemos que contar con otras agencias, con nuestros amigos de afuera y con su buena disposición de dedicar grandes cantidades de dinero y esfuerzo.

La Perfección Imaginaria

Al vislumbrar por primera vez lo espiritualmente orgullosos que podíamos ser, los A.A. pioneros acuñamos esta expresión: "¡No trates de convertirte en santo para el jueves!"

Esta vieja amonestación puede parecer otra más de aquellas coartadas convenientes que sirven para dispensarnos de hacer el mejor esfuerzo posible. Pero una mirada más detenida nos revela justamente lo contrario. Esta es la forma en que los A.A. nos advierten del peligro de la ceguera del orgullo, y de las perfecciones imaginarias que no poseemos.

* * * * *

Solamente el Primer Paso, en el que admitimos sin reserva alguna que éramos impotentes ante el alcohol, se puede practicar con perfección absoluta. Los once Pasos restantes exponen ideales perfectos. Son metas que aspiramos alcanzar, y patrones con los que medimos nuestro progreso.

1. GRAPEVINE, Junio de 1961
2. DOCE Y DOCE, pág. 65

La Realidad de las Experiencias Espirituales

"Tal vez estés proponiendo una posible distinción entre la alucinación y las imágenes divinas de una genuina experiencia espiritual. Dudo que nadie haya podido definir autoritativamente lo que es una alucinación. No obstante, es cierto que todos los que han tenido una experiencia espiritual se declaran a favor de su realidad. La prueba más contundente de esta realidad se ve en sus frutos. Aquellos que reciben estas dádivas de gracia son individuos completamente transformados, casi sin excepción, en gente mejor. Esto difícilmente se puede decir de los que alucinan.

"Algunos pueden considerarme como presumido cuando digo que mi propia experiencia es real. No obstante, puedo decir con toda seguridad que en mi propia vida, así como en las de incontables otras personas, los frutos de esta experiencia han sido reales, y los beneficios fuera de todo cálculo".

CHARLA, 1960

Uno que Mira con Alarma

"Pasé algunos años infructuosos en un estado llamado 'mirando con alarma por el bien del movimiento'. Creía que me incumbía a mí siempre 'corregir las condiciones'. Rara vez podía alguien haberme dicho lo que yo debía hacer, y nadie había logrado nunca decirme lo que yo tenía que hacer. Tenía que escarmentar en cabeza propia, por mi propia experiencia.

"Al ponerme a 'vigilar' a los otros, a menudo me veía motivado por temor de lo que estuvieran haciendo, por fariseísmo, e incluso por pura intolerancia. Por lo tanto, raramente pude corregir ninguna cosa. No hacía nada sino levantar barreras de resentimiento cortando así el paso de toda sugerencia, ejemplo, comprensión o amor".

* * * * *

"Los A.A. dicen a menudo: 'Nuestros líderes no nos dirigen por mandato; nos guían con su ejemplo'. Si deseamos influir favorablemente en otra gente, tenemos que practicar lo que predicamos — y olvidar el 'sermoneo'. Sin hacer ruidos el buen ejemplo habla por sí mismo".

1. CARTA, 1945
2. CARTA, 1946

Afrontando la Adversidad

"Nuestro desarrollo espiritual y emocional en A.A. no depende tanto de nuestros éxitos como de nuestros fracasos y reveses. Si tienes esto en cuenta, creo que tu recaída tendrá por efecto el impulsarte hacia arriba y no hacia abajo.

"Nosotros los A.A. no hemos conocido a mejor maestra que Doña Adversidad, excepto en los casos en que nos negamos a dejarle que nos enseñe".

* * * * *

"De vez en cuando, todos nosotros estamos sujetos a una crítica severa. Al sentirnos airados y heridos, es difícil no pagar con la misma moneda. No obstante, podemos refrenarnos y luego someternos a un autoexamen, preguntándonos si acaso nuestras críticas tuvieran razón. Si la tienen, podemos confesar nuestros defectos a ellos. Esto normalmente allana el terreno para un entendimiento recíproco.

"Supongamos que los que nos critican sean injustos. Entonces, podemos tratar de razonar suavemente con ellos. Si siguen vociferando, todavía nos es posible —en nuestros corazones— perdonarles. Tal vez el sentido del humor sea lo que nos salve — así podemos perdonar y también olvidar".

1. CARTA, 1958
2. CARTA, 1966

185

"Boomerang"

Cuando tenía diez años era un muchacho alto y desgarbado, lo cual me hacía sentir bastante mal porque los muchachos más pequeños me dominaban en las peleas. Recuerdo estar muy deprimido durante un año o más y luego se me empezó a desarrollar una intensa resolución de vencer.

Mi abuelo llegó un día con un libro acerca de Australia y me dijo: "Este libro dice que nadie que no sea aborigen australiano sabe fabricar y lanzar un boomerang".

Me dije, "aquí está mi oportunidad. Seré el primer hombre en América en fabricar y lanzar un boomerang". Bueno, cualquier muchacho pudiera haber tenido una idea semejante. Le hubiera durado dos días o dos semanas. Pero yo tenía una fuerza motivadora obsesiva que duró seis meses hasta que hice un boomerang que lancé y voló alrededor del patio de la iglesia enfrente de mi casa y casi golpeó a mi abuelo en la cabeza al volver.

Emocionalmente había empezado a crear otro tipo de boomerang que más tarde casi llegaría a matarme.

186

"El Unico Requisito"

En la Tercera Tradición, A.A. dice a todo verdadero bebedor, "Tú eres miembro de A.A., si tú lo dices. Puedes declararte a ti mismo miembro de la Sociedad; nadie puede prohibirte la entrada. No importa quién seas; no importa lo bajo que hayas caído; no importa lo graves que sean tus complicaciones emocionales —ni incluso tus crímenes— no podemos impedirte que seas miembro de A.A. No queremos prohibirte la entrada. No tenemos ningún miedo de que nos vayas a hacer daño, por muy retorcido o violento que seas. Sólo queremos estar seguros de que tengas la misma gran oportunidad de lograr la sobriedad que tuvimos nosotros".

* * * * *

No queremos privar a nadie de la oportunidad de recuperarse del alcoholismo. Deseamos ser tan inclusivos como podamos, nunca exclusivos.

1. DOCE Y DOCE, pág. 135
2. GRAPEVINE, Agosto de 1946

187

¿Palabras o Acciones?

Al hacer nuestras reparaciones rara vez resulta
prudente abordar a un individuo que todavía está
dolido por alguna injusticia nuestra para con él y
comunicarle que ya nos hemos vuelto religiosos.
Esto en boxeo sería dejar la mandíbula descubierta. ¿Por qué correr el riesgo de que se nos tilde
de fanáticos o majaderos religiosos? Podríamos
truncar una futura oportunidad para llevar un
mensaje beneficioso.

Pero es seguro que a nuestro hombre le impresione
un deseo sincero de corregir lo que está mal.
Le interesará más una demostración de buena voluntad que nuestra charla sobre descubrimientos
espirituales.

Para Sobrevivir las Pruebas

En nuestra opinión, cualquier plan para combatir el alcoholismo que esté basado en escudar al enfermo contra la tentación, está condenado al fracaso. Si un alcohólico trata de escudarse, puede tener éxito por algún tiempo, pero generalmente acaba explotando más que nunca. Hemos probado esos métodos. Los intentos de hacer lo imposible siempre nos han fallado. Liberarnos del alcohol, no huir de él, es nuestra solución.

* * * * *

"La fe sin obras es fe muerta". ¡Y cuán cierto es, tratándose de alcohólicos! Porque si un alcohólico deja de perfeccionar y engrandecer su vida espiritual a través del trabajo y del sacrificio por otros, no podrá sobrellevar ciertas pruebas y decaimientos que con certeza vendrán más adelante. Si él no trabaja es seguro que volverá a beber, y si bebe, seguramente morirá. Claro está, la fe estará muerta.

ALCOHOLICOS ANONIMOS
1. pág. 101
2. págs. 14-15

189

Los Experimentadores

A nosotros los agnósticos nos gustaba A.A., y no vacilábamos en decir que A.A. había obrado milagros. Pero nos resistíamos a probar la meditación y la oración tan obstinadamente como el científico que se niega a hacer un experimento por temor a que sus resultados refuten su teoría predilecta.

Cuando finalmente hicimos el experimento, y obtuvimos resultados inesperados, cambiamos de opinión; de hecho, cambiamos de convicción. Así nos vimos firmemente convencidos de la eficacia de la meditación y la oración. Y hemos descubierto que lo mismo puede ocurrirle a cualquiera que lo pruebe. Con mucha razón se ha dicho, "casi los únicos que se burlan de la oración son aquellos que nunca han rezado con suficiente asiduidad".

*El Modo de Vida A.A. en el Hogar**

A pesar de que un alcohólico no responda, no hay razón para que olvides a su familia. Debes seguir siendo amigable y explicarles el concepto que A.A. tiene del alcoholismo y de su tratamiento. Si aceptan y aplican nuestros principios a sus problemas, las probabilidades de que el jefe de la misma se recupere serán mayores. Y aunque éste continúe bebiendo, la familia tendrá una vida más llevadera.

* * * * *

A menos que la familia de uno exprese el deseo de vivir sobre una base de principios espirituales, creemos que él no debe insistir en que lo hagan. Ya cambiarán con el tiempo. Su comportamiento les convencerá mejor que sus palabras.

ALCOHOLICOS ANONIMOS
1. pág. 97
2. pág. 83

*Hoy en día, la iniciación de la manera de vivir A.A. en el hogar es el propósito central de los Grupos Familiares de Al-Anón, de los cuales hay —según los datos para 1992— más de 32,000 en todas partes del mundo, incluyendo más de 5,000 grupos de habla hispana. Están compuestos de esposos, esposas y familiares de alcohólicos. Al-Anon ha tenido un éxito enorme en devolverle a las familias la vida buena.

El Comienzo de la Humildad

"Hay pocos puntos absolutos inherentes a los Doce Pasos. La mayoría de los Pasos están abiertos a la interpretación, basada en la experiencia y el enfoque del individuo.

"Por lo tanto, el individuo tiene la perfecta libertad de empezar trabajando los Pasos en cualquier punto que pueda, o desee. Dios, como Lo concebimos nosotros, puede ser definido como un 'Poder superior a...', o el Poder Superior. Para miles de miembros, el grupo de A.A. en sí mismo ha sido al principio el Poder Superior. Este es un reconocimiento fácil de hacer, si el principiante sabe que la mayoría de los miembros están sobrios, mientras él no lo está.

"Su admisión es el comienzo de la humildad — el principiante está dispuesto, por lo menos, a renunciar a que él mismo sea Dios. No necesita más para empezar. Si, después de lograr esto, se relaja y practica tantos Pasos como pueda, se desarrollará sin duda de una forma espiritual".

192

Llevando el Mensaje

La maravillosa energía que el Duodécimo Paso libera y la ávida acción con la que lleva nuestro mensaje al alcohólico que aún sufre, y que acaba por convertir los Doce Pasos en acción en todos los asuntos de nuestra vida, es el gran beneficio, la realidad magnífica, de Alcohólicos Anónimos.

* * * * *

Nunca le hables a un alcohólico desde una cumbre moral o espiritual; sencillamente muéstrale el juego de herramientas espirituales para que él las inspeccione. Demuéstrale cómo funcionaron para ti. Ofrécele tu amistad y compañerismo.

1. DOCE Y DOCE, pág. 107
2. ALCOHOLICOS ANONIMOS, pág. 95

193.

La Excusa Espiritual

Nuestros primeros intentos de hacer un inventario de esta manera resultan poco realistas. Yo era el campeón del autoanálisis poco realista. En ciertas ocasiones, sólo quería considerar esos aspectos de mi vida que me parecían buenos. Luego, exageraba las virtudes que creía haber logrado. Y me felicitaba por el magnífico trabajo que estaba haciendo en A.A.

Así, esto generaba en mí una tremenda avidez de mayores "logros" y más aplausos. Estaba recayendo en las viejas costumbres de mis días de bebedor. Tenía las mismas metas de antaño — el poder, la fama, y los aplausos. Además, podía valerme de la mejor excusa que se conoce — la excusa espiritual. Ya que tenía un verdadero objetivo espiritual, estas puras tonterías siempre me parecían apropiadas.

La Obsesión y la Solución

La idea de que de alguna forma, algún día, llegará a controlar su manera de beber y a disfrutar bebiendo, es la gran obsesión de todo bebedor anormal. La persistencia de esta ilusión es sorprendente. Muchos la persiguen hasta las puertas de la locura o de la muerte.

* * * * *

Mi enfermedad era el alcoholismo, no el cáncer, pero ¿cuál era la diferencia? El alcoholismo era también algo que consumía el cuerpo y la mente. El alcoholismo mataba más lentamente pero el resultado era el mismo. Así que si existía un gran Médico que pudiera curar la enfermedad del alcoholismo, yo debería ir a buscarlo ahora, inmediatamente.

1. ALCOHOLICOS ANONIMOS, pág. 30
2. A.A. LLEGA A SU MAYORIA DE EDAD, pág. 61

El Lenguaje del Corazón

¿Por qué, en este momento particular de la historia, ha decidido Dios comunicarnos a nosotros su gracia curativa? Todos los aspectos de este desarrollo global pueden relacionarse con una única y crucial palabra. La palabra es "comunicación". Ha habido una comunicación salvadora entre nosotros, con el mundo alrededor nuestro, y con Dios.

Desde el comienzo, la comunicación dentro de A.A. no ha sido la transmisión ordinaria de ideas o actitudes útiles. Debido a la afinidad que tenemos en el sufrimiento, y a que los instrumentos comunes de nuestra salvación son eficaces para nosotros únicamente mientras los compartamos con otra gente de forma constante, nuestros conductos de contacto siempre han estado cargados del lenguaje del corazón.

Antídoto Contra el Miedo

Cuando estas flaquezas generan el miedo nos vemos afligidos de una enfermedad del alma. Luego, esta enfermedad, a su vez, genera más defectos de carácter.

Un temor exagerado de no poder satisfacer nuestros instintos nos lleva a codiciar los bienes de otros, a ser ávidos del sexo y del poder, a enfurecernos al ver amenazadas nuestras exigencias instintivas, a sentir envidia al ver realizadas las ambiciones de otra gente y las nuestras frustradas. Comemos más, bebemos más y tratamos de coger más de lo que necesitamos de todo, temiendo que nunca tendremos lo suficiente. La perspectiva de trabajar nos asusta tan profundamente que nos hundimos en la pereza. Holgazaneamos, y tratamos de dejarlo todo para el día de mañana, o, si trabajamos, lo hacemos de mala gana y a medias.

Estos temores son como plagas que van royendo los cimientos sobre los que tratamos de construir una vida.

* * * * *

A medida que crece la fe, aumenta nuestra seguridad interior. El profundo y tremendo temor a la nada empieza a sosegarse. Los A.A. nos damos cuenta de que nuestro antídoto fundamental contra el miedo es el despertar espiritual.

1. DOCE Y DOCE, pág. 46
2. GRAPEVINE, Enero de 1962

Donde Conduce la Racionalización

"Sabes lo geniales que somos para la racionalización. Si nos justificamos plenamente a nosotros
mismos una recaída, es casi cierto que nuestra propensión a racionalizar justificará otra, tal vez con
otra serie de excusas. No obstante, una justificación conduce a otra, y enseguida volvemos a ser
bebedores de plena dedicación".

* * * * *

La experiencia nos enseña que incluso aquellos
que toman píldoras "de forma controlada" pueden
acabar fuera de control. Las mismas justificaciones locas que caracterizaban su vida de bebedor
empiezan a desmoronar su vida. Cree que las píldoras, si pueden curar su insomnio, también pueden quitarle sus preocupaciones.

Nuestros amigos los doctores rara vez tienen la
culpa de las consecuencias funestas que a menudo
nos llegan. Para los alcohólicos es muy fácil comprar estas drogas peligrosas, y es probable que el
bebedor, una vez que las tiene, las tome sin ejercer
criterio alguno.

1. CARTA, 1959
2. GRAPEVINE, Noviembre de 1945

¿Decirlo al Público?

"De vez en cuando, los A.A. de prominencia mundana dicen: 'Si doy a saber al público que soy miembro de A.A., eso puede atraer a más gente a la Comunidad'. Expresan así su opinión que nuestra Tradición de anonimato está equivocada — por lo menos para ellos.

"Olvidan que, mientras aún bebían, sus objetivos principales eran ganarse prestigio y realizar sus ambiciones mundanas. No se dan cuenta de que, con romper su anonimato, están inconscientemente persiguiendo de nuevo los viejos y peligrosos fantasmas. Olvidan que el mantener su anonimato a menudo significa el sacrificio del deseo que se tiene de poder, prestigio y dinero. No se dan cuenta de que, si estos impulsos se generalizan en A.A., el curso de nuestra historia sería cambiado; que sembraríamos las semillas de nuestra propia destrucción como comunidad.

"No obstante, me alegra poder informarles que, aunque muchos de nosotros sentimos la tentación —y yo era uno de los que la sentían— muy pocos de nosotros en Norteamérica acabamos rompiendo nuestro anonimato ante el público".

CARTA, 1958

La Arrogancia y su Contrario

Un candidato de opiniones bastante arraigadas llegó acompañado a su primera reunión de A.A., en la que dos oradores (o quizás conferencistas) iban dilatándose sobre el tema "Dios como yo Lo concibo". Su actitud rezumaba soberbia. De hecho, el último en hablar se pasó de la raya hablando de sus convicciones teológicas personales.

Ambos estaban repitiendo mi actuación de años anteriores. Implícita en todo lo que decían estaba la idea: "Escúchenos. Nosotros tenemos la única verdadera versión de A.A. — y más vale que ustedes nos emulen".

El principiante dijo que no podía aguantar más — y no pudo. Su padrino trató de explicarle que A.A. no era realmente así. Pero ya era tarde; después de esa experiencia, nadie podía llegarle al corazón.

* * * * *

Considero "la humildad para hoy" como una postura intermedia segura entre estos violentos extremos emocionales. Es un lugar tranquilo, donde puedo mantener suficiente equilibrio y una perspectiva suficientemente amplia como para dar el próximo corto paso en el camino claramente señalizado que nos lleva a los valores eternos.

GRAPEVINE
1. Abril de 1961
2. Julio de 1961

200

Fuente de Fortaleza

Cuando estalló la Segunda Guerra Mundial, se puso a prueba por primera vez nuestra dependencia de un Poder Superior. Los A.A. se alistaron en las fuerzas armadas y se encontraban estacionados en todas partes del mundo.

¿Podrían aguantar la disciplina, comportarse con valor en el fragor de las batallas, y soportar la monotonía y las angustias de la guerra? ¿Les serviría de ayuda el tipo de dependencia que habían aprendido en A.A.?

Pues, sí les sirvió. Tuvieron incluso menos recaídas y borracheras emocionales que los A.A. que se quedaban en la seguridad de sus hogares. Tenían tanta capacidad de resistencia y tanto valor como los demás soldados. Tanto en Alaska como en las cabezas de playa de Salerno, su dependencia de un Poder Superior les ayudó.

Y lejos de ser una debilidad, esta dependencia fue su principal fuente de fortaleza.

Elección Ilimitada

Muchos alcohólicos se encuentran obsesionados por la tétrica convicción de que, si apenas se acercan a A.A., se verán presionados a someterse a algún tipo determinado de fe o teología. No se dan cuenta de que, para ser miembro de A.A., no se exige nunca ninguna confesión de fe; que se puede lograr la sobriedad con un mínimo de fe, muy fácil de aceptar; y que nuestras ideas de un poder superior y de Dios como nosotros Lo concebimos les deparan a todos la oportunidad de elegir entre una variedad casi ilimitada de creencias y acciones espirituales.

* * * * *

Al hablar con un posible miembro haz hincapié sin reserva en el aspecto espiritual. Si el hombre fuese un agnóstico o ateo, dile enfáticamente que no tiene que estar de acuerdo con el concepto que tú tienes de Dios. Puede escoger el concepto que le parezca, siempre que tenga sentido para él.

Lo principal es que esté dispuesto a creer en un Poder superior a él mismo, y que viva de acuerdo a principios espirituales.

1. GRAPEVINE, Abril de 1961
2. ALCOHOLICOS ANONIMOS, pág. 93

La Hora de la Decisión

"No todas las decisiones importantes pueden tomarse de la forma apropiada con una mera enumeración de los pros y los contras de una situación determinada, por valioso y necesario que sea este proceder. No podemos confiar siempre en lo que nos parece lógico. Cuando tenemos dudas respecto a nuestra lógica, esperamos la orientación de Dios y estamos atentos a la voz de nuestra intuición. Si, en meditación, esta voz es suficientemente persistente, puede que logremos la suficiente confianza como para actuar basándonos en ella, en vez de en la lógica.

"Si, después de haber ejercido estas dos disciplinas, todavía tenemos dudas, debemos pedir más orientación y, cuando sea posible, posponer las decisiones importantes por algún tiempo. Luego, con un mayor conocimiento de nuestra situación, es posible que la lógica y la intuición concuerden en el curso indicado

"Pero si tenemos que tomar una decisión inmediata, no la evadamos a causa del temor. Acertados o equivocados, siempre podemos sacar provecho de la experiencia".

CARTA, 1966

203

La Verdadera Tolerancia

Poco a poco aprendimos a aceptar tanto los pecados como las virtudes de nuestros compañeros. En esta época acuñamos la potente y significativa expresión: "Que siempre amemos lo mejor de los demás — y nunca temamos lo peor".

* * * * *

Finalmente, empezamos a darnos cuenta de que todos los seres humanos, al igual que nosotros, están hasta algún grado enfermos emocionalmente, así como frecuentemente equivocados. Al reconocer esto, nos aproximamos a la auténtica tolerancia y vemos el verdadero significado del amor genuino para con nuestros semejantes.

1. GRAPEVINE, Enero de 1962
2. DOCE Y DOCE, pág. 90

Formación del Carácter

Puesto que la mayoría de nosotros nacemos con una abundancia de deseos naturales, no es de extrañar que a menudo los dejemos que se conviertan en exigencias que sobrepasan sus propósitos originales. Cuando nos impulsan ciegamente, o cuando exigimos voluntariosamente que nos den más satisfacciones o placeres de los que nos corresponden, este es el punto en el que nos desviamos del grado de perfección que Dios desea que alcancemos en esta tierra. Esta es la medida de nuestros defectos de carácter o, si prefieres, de nuestros pecados.

Si se lo pedimos, Dios ciertamente nos perdonará nuestras negligencias. Pero nunca nos va a volver blancos como la nieve y mantenernos así sin nuestra cooperación. Nosotros mismos debemos estar dispuestos a hacer lo necesario para alcanzar esto. Dios solamente nos pide que nos esforcemos lo más que podamos para hacer progresos en la formación de nuestro carácter.

La Virtud y el Autoengaño

Recuerdo muy bien el consuelo que me daba una exagerada creencia en mi propia honradez. Mis familiares de Nueva Inglaterra me habían inculcado lo sagrado que eran todos los compromisos y contratos de negocios. Recalcaban que "el hombre está obligado por su palabra". Tras una formación tan rigurosa, siempre me ha resultado fácil ser honrado en los negocios; nunca traté de engañar a nadie.

No obstante, este pequeño fragmento de virtud fácilmente adquirido produjo en mí algunos curiosos inconvenientes. Nunca perdía la oportunidad de expresar mi gran desdén por aquellos compañeros de Wall Street que eran propensos a estafar a sus clientes. Esta era una postura muy arrogante, pero el autoengaño que me causaba resultó ser aun peor.

Mi preciada honradez en los negocios pronto se convirtió en una cómoda manta bajo la cual podía esconder los múltiples graves defectos que influían en otros aspectos de mi vida. Al estar tan seguro de esta única virtud, me era fácil concluir que las tenía todas. Durante muchos años, esto me impedía mirarme a mí mismo con plena sinceridad.

206

Orar por los Demás

Incluso al rezar con sinceridad, podemos caer en la tentación. Nos formamos ideas sobre lo que nos parece ser la voluntad de Dios para con otras personas. Nos decimos, "éste debería ser curado de su enfermedad mortal", o "aquél debería ser aliviado de sus sufrimientos emocionales", y rezamos por estas cosas específicas.

Naturalmente, estas oraciones son fundamentalmente actos de buena voluntad, pero a menudo se basan en la suposición de que conocemos la voluntad de Dios para con la persona por la que rezamos. Esto significa que una oración sincera puede que vaya acompañada de cierta cantidad de presunción y vanidad.

La experiencia de A.A. indica que especialmente en estos casos debemos rezar para que la voluntad de Dios, sea cual sea, se haga tanto para los demás como para nosotros mismos.

El Futuro de la Comunidad

"Parece estar demostrado que A.A. puede mantenerse parada en sus propios pies en cualquier lugar y bajo cualquier condición. Ha sobrepasado toda dependencia, que en alguna época pudiera haber tenido, de las personalidades o de los esfuerzos de unos cuantos miembros veteranos, como yo. Gente nueva, competente y vigorosa siguen apareciendo en la escena, presentándose en el sitio y el momento propicios en que se necesitan. Y además, A.A. ha logrado la suficiente madurez espiritual como para saber que su dependencia final es de Dios".

* * * * *

Está claro que nuestra primera responsabilidad para el futuro de A.A. es la de mantener en su máxima potencia lo que hoy tenemos. Sólo el cuidado más vigilante puede asegurarnos el cumplimiento de esta responsabilidad. No debemos permitir nunca que los éxitos y las alabanzas que en todas partes se nos ofrecen, nos arrullen y nos vuelvan satisfechos de nosotros mismos. Esta es una sutil tentación que nos puede estancar en el presente y, tal vez, desintegrarnos mañana. Siempre nos hemos reunido para encarar las dificultades y los fracasos. Los problemas siempre nos han estimulado. Pero, ¿tendremos la suficiente capacidad para encarar los problemas del éxito?

1. CARTA, 1940
2. A.A. HOY EN DIA, pág. 106

La Razón — Un Puente Hacia la Fe

Nos encontramos cara a cara con la cuestión de la fe. No pudimos evadir el asunto. Algunos de nosotros ya habíamos andado un buen trecho sobre el Puente de la Razón con rumbo a la deseada ribera de la fe donde manos amistosas se habían tendido para darnos la bienvenida. Estábamos agradecidos de que la Razón nos hubiera llevado tan lejos. Pero de cualquier manera, no podíamos bajar a tierra. Quizá en la última milla estábamos apoyándonos demasiado en la Razón y no queríamos perder nuestro apoyo.

Pero, ¿no habríamos sido conducidos, sin saberlo, hasta donde estábamos, por determinada clase de fe? Porque, ¿no creíamos en nuestro propio razonamiento? ¿No teníamos confianza en nuestra propia capacidad para pensar? ¿Qué era eso, sino cierta clase de fe? Sí, habíamos tenido fe, una fe ciega y servil en el Dios de la Razón. Por lo tanto, descubrimos en una forma u otra que la fe había tenido que ver con todo, todo el tiempo.

Nunca Más lo Mismo

Se descubrió que cuando un alcohólico había sembrado en la mente de otro la idea de la verdadera naturaleza de su enfermedad, esta persona nunca podría volver a ser la misma. Después de cada borrachera, se diría a sí mismo, "tal vez esos A.A. tenían razón…" Tras unas cuantas experiencias parecidas, a menudo años antes del comienzo de graves dificultades, volvería a nosotros convencido.

* * * * *

En los primeros años, los que logramos la sobriedad en A.A. éramos casos extremos y casi desesperados. Pero luego empezamos a tener éxito con alcohólicos menos graves e incluso con posibles alcohólicos. Empezó a aparecer gente más joven. Llegaron muchas personas que todavía tenían trabajo, hogar, salud, e inclusive buena posición social.

Naturalmente, era necesario que estos recién llegados llegaran a tocar fondo emocional. Pero nos dimos cuenta de que no había necesidad de tocar todos los fondos posibles para poder admitir la derrota.

1. DOCE Y DOCE, pág. 21
2. A.A. LLEGA A SU MAYORIA DE EDAD, pág. 199

210

Liberación de la Esclavitud

Llegados al Tercer Paso, muchos de nosotros le dijimos a nuestro Creador, tal como lo concebimos: "Dios, me ofrezco a Ti para que obres en mí y hagas conmigo Tu voluntad. Líbrame de mi propio encadenamiento para que pueda cumplir mejor con Tu voluntad. Líbrame de mis dificultades para que la victoria sobre ellas sea el testimonio para aquellos a quien yo ayude de Tu Poder, Tu Amor y de la manera que Tú quieres que vivamos. Que siempre haga Tu Voluntad".

Pensamos detenidamente antes de dar este paso, cerciorándonos de que estábamos listos para hacerlo; que finalmente podíamos abandonarnos completamente a El.

Buscando la Humildad

Vimos que no siempre era necesario que fuéramos humillados y doblegados para alcanzar la humildad. El sufrimiento incesante no era la única forma de alcanzarla, nos podía llegar igualmente por estar bien dispuestos a buscarla.

* * * * *

"Al principio buscamos un poco de humildad, sabiendo que si no lo hacemos, pereceremos de alcoholismo. Pasado un tiempo, aunque seamos todavía algo rebeldes, empezamos a practicar la humildad porque es correcto hacerlo. Luego amanece el día en que, liberados finalmente de la rebeldía, practicamos la humildad porque lo queremos sinceramente como una manera de vivir".

1. DOCE Y DOCE, pág. 72
2. CARTA, 1966

La Fe y La Acción

Puede ser que la educación y disciplina religiosas de tu candidato sean superiores a las tuyas. En ese caso él se preguntará cómo podrás agregar algo a lo que él ya sabe.

Pero sentirá curiosidad por saber por qué sus propias convicciones no le han dado resultado y por qué las tuyas parecen darlo. El puede ser un ejemplo de lo cierto que es que la fe por sí sola es insuficiente. Para ser vital, la fe tiene que estar acompañada por la abnegación, por la acción generosa y constructiva.

Admite que probablemente él sepa más de religión de lo que tú sabes, pero señálale el hecho de que por profundos que sean su fe y sus conocimientos, estas cualidades no le han sido de gran utilidad, pues de haberlo sido, él no te habría pedido tu ayuda.

* * * * *

El Dr. Bob no me necesitaba para su instrucción espiritual. El ya tenía más que yo. Lo que sí necesitaba cuando nos conocimos por primera vez era el desinflamiento profundo y la comprensión que solamente un borracho puede dar a otro. Lo que necesitaba yo era la humildad del olvido de mí mismo y el sentimiento de parentesco con otro ser humano de mi propia índole.

1. ALCOHOLICOS ANONIMOS, pág. 93
2. A.A. HOY EN DIA, pág. 10

Completa la Limpieza de la Casa

Una y otra vez los recién llegados han tratado de guardarse ciertos hechos de sus vidas. Tratando de evadir esta humillante experiencia, se han acogido a ciertos métodos más fáciles. Casi invariablemente se han emborrachado. Habiendo perseverado con el resto del programa, se preguntan por qué han recaído.

Creemos que la razón es que nunca acabaron su limpieza interior. Hicieron su inventario pero se aferraron a algunos de los peores artículos de sus existencias. Solamente creyeron que habían perdido su egoísmo y su temor; solamente creyeron que habían sido humildes. Pero no habían aprendido lo suficiente sobre humildad, intrepidez y sinceridad, en el sentido que creemos necesario, hasta que le contaron a otro toda la historia de su vida.

ALCOHOLICOS ANONIMOS, págs. 72-73

Sólo Intentar

En mi adolescencia, tenía que ser atleta porque no era atleta. Tenía que llegar a ser músico porque no podía entonar la más simple melodía. Tenía que ser el presidente de mi clase en la escuela. Tenía que ser el primero en todo porque en mi perverso corazón me sentía la más insignificante de las criaturas de Dios. Yo no podía aceptar esta profunda sensación de inferioridad, y por lo tanto logré convertirme en capitán del equipo de béisbol y aprendí a tocar el violín. Esta exigencia de "todo o nada" fue lo que más tarde me destrozó.

* * * * *

"Me alegra saber que vas a probar ese nuevo trabajo. Pero, asegúrate de que sólo vas a 'probarlo', Si emprendes el proyecto con la actitud 'tengo que tener éxito, es imperativo que no fracase, no puedo fracasar', estarás asegurando el fracaso, el cual, a su vez, asegurará que recaigas en beber. Pero si consideras la empresa solamente como un experimento constructivo, entonces todo deberá ir bien".

1. A.A. LLEGA A SU MAYORIA DE EDAD, págs. 55-56
2. CARTA, 1958

Pruebas Constructivas

Hay aquellos en A.A. a quienes llamamos nuestros críticos "destructivos". Ellos desean imponer su punto de vista, politiquear, hacer acusaciones para lograr sus fines — todo, ¡por supuesto!, por el bien de A.A. Pero hemos aprendido que estos individuos, no son necesariamente destructivos.

Debemos escuchar cuidadosamente lo que dicen. A veces ellos están diciendo toda la verdad; otras veces un poco de la verdad. Si estamos a su alcance, la verdad, la verdad a medias, o inclusive algo muy lejos de la verdad, puede ser igualmente desagradable para nosotros. Si ellos están diciendo la verdad total o aun sólo parte de la verdad, entonces es mejor que les agradezcamos y sigamos con nuestros propios inventarios, admitiendo que estábamos equivocados. Si se trata de cosas absurdas, podemos ignorarlas. O podemos tratar de persuadirlos. Si esto nos falla, sentimos mucho que estén tan enfermos que no pueden escuchar y podemos tratar de olvidar por completo el asunto.

Es difícil hallar medios para autoanalizarnos y para desarrollar la paciencia mejores que las pruebas a que aquellos hermanos, generalmente bien intencionados pero equivocados, a menudo nos someten.

Después de "la Luna de Miel"

"Para la mayoría de nosotros, los primeros años en A.A. son como una luna de miel. Tenemos una nueva y potente razón por seguir viviendo, y multitud de actividades alegres. Durante algún tiempo estamos distraídos de los problemas principales de la vida. Y todo eso es para bien.

"Pero cuando se termina la luna de miel, nos vemos obligados a aguantar los golpes, como la demás gente. En este punto, comienza la prueba. Tal vez el grupo nos haya empujado al margen; quizás los problemas domésticos, o los del mundo ajeno, se hayan intensificado. Luego reaparecen los viejos patrones de conducta. La facilidad con la que reconocemos y tratamos estos problemas indicará el nivel de nuestro progreso".

* * * * *

Los sabios siempre han reconocido que nadie puede aspirar a hacer nada en la vida hasta que el autoexamen no se convierta en costumbre, hasta que no reconozca y acepte lo que allí encuentra, y hasta que no se ponga, paciente y persistentemente, a corregir sus defectos.

1. CARTA, 1954
2. DOCE Y DOCE, pág. 86

La Esperanza Engendrada en la Desesperación

Carta al Dr. Carl Jung:

"La mayoría de las experiencias de conversión, a pesar de lo diferentes que sean, tienen en común un profundo colapso del ego. El individuo se ve confrontado con un dilema imposible.

"En mi caso, el dilema fue ocasionado por mi forma obsesiva de beber, y la desesperación que yo sentía había sido intensificada por el dictamen de mi doctor. Se volvió aun más intensa cuando mi amigo alcohólico me dio a conocer su veredicto en el caso de Rowland H.

"Como secuela de mi experiencia espiritual, me vino una visión de una sociedad de alcohólicos. Si cada alcohólico comunicara al nuevo la noticia de que, desde el punto de vista científico, el alcoholismo era una enfermedad irremediablemente mortal, podría ponerle así en óptima condición para pasar por una experiencia espiritual transformadora. Este concepto resultó ser la base del éxito que Alcohólicos Anónimos haya tenido desde entonces".

GRAPEVINE, Enero de 1963

Felices — Cuando Somos Libres

Para la mayoría de la gente normal, beber significa liberación de las inquietudes, del aburrimiento y de la preocupación. Es alegre intimidad con los amigos y sentimientos de que la vida es buena.

Pero no así para nosotros en esos últimos días de beber excesivo. Se fueron los placeres de antes. Había un anhelo persistente de gozar de la vida como lo hicimos una vez y una dolorosa obsesión de que algún nuevo milagro de control nos permitiese hacerlo. Siempre había un intento más — y un fracaso más.

* * * * *

Estamos seguros de que Dios quiere que seamos felices, alegres y libres. Por lo tanto, no podemos suscribir la creencia de que la vida tiene que ser un valle de lágrimas, aunque en ocasiones haya sido justamente eso para muchos de nosotros. Pero se puso bien claro que la mayoría de las veces habíamos forjado nuestra propia desgracia.

ALCOHOLICOS ANONIMOS
1. pág. 151
2. pág. 133

219

Dispuesto a Creer

No dejes que ningún prejuicio que puedas tener en contra de los términos espirituales te impida preguntarte sineramente a ti mismo lo que significan para ti. Al principio, esto era todo lo que necesitábamos para comenzar el desarrollo espiritual, para efectuar nuestra primera relación consciente con Dios, tal como lo concebíamos. Después, nos encontramos aceptando muchas cosas que entonces parecían inaccesibles. Eso era ya un adelanto. Pero si queríamos progresar, teníamos que empezar por alguna parte. Por lo tanto, usamos nuestro propio concepto a pesar de lo limitado que fuese. Solamente necesitábamos hacernos una breve pregunta: "¿Creo ahora, o estoy dispuesto a creer siquiera, que hay un Poder superior a mí mismo?" Tan pronto como una persona pueda decir que cree o que está dispuesta a creer, podemos asegurarle enfáticamente que ya va por buen camino.

220

En Sociedad

A medida que íbamos haciendo progreso espiritual, podíamos ver claramente que, si alguna vez íbamos a sentirnos emocionalmente seguros, tendríamos que adoptar en nuestras vidas una actitud de dar-y-tomar; tendríamos que adquirir un sentimiento de comunidad o hermandad con todos los que nos rodean. Nos dimos cuenta de que tendríamos que dar constantemente de nosotros mismos, sin exigir nada a cambio. Cuando persistíamos en hacer esto, poco a poco empezábamos a notar que atraíamos a la gente como nunca lo habíamos hecho antes. E incluso si nos decepcionaban, podíamos ser comprensivos y no sentirnos seriamente afectados.

* * * * *

La unidad, la eficacia e incluso la supervivencia de A.A. siempre dependerían de nuestra voluntad continua de sacrificar nuestros deseos y ambiciones personales por la seguridad y bienestar comunes. Así como el sacrificio significaba la supervivencia para el individuo, significaba también la supervivencia y la unidad para el grupo, y para A.A. en su totalidad.

1. DOCE Y DOCE, págs. 113-114
2. A.A. LLEGA A SU MAYORIA DE EDAD, pág. 287

Dios No Nos Abandonará

"Me ha llegado la noticia de que estás resistiendo a la adversidad de una forma magnífica — adversidad que te presenta tu estado físico. Me depara una oportunidad de manifestar mi agradecimiento por tu recuperación en A.A., y especialmente por la demostración que estás haciendo de sus principios, inspirándonos así a todos.

"Te agradará saber que, en cuanto a eso, los A.A. raramente fallan. Es así, creo, porque sabemos con tanta seguridad que, sea cual sea nuestra suerte, Dios no nos abandonará; en realidad, no lo hizo mientras bebíamos. Y así ha de ser por el resto de nuestras vidas.

"Sin duda, El no tiene intención de ahorrarnos toda dificultad y adversidad. Ni tampoco, a fin de cuentas, nos evita la llamada muerte — que es de hecho la puerta a una nueva vida, donde viviremos entre Su multitud de mansiones. Respecto a estas cosas, yo sé que tienes una fe muy segura".

CARTA, 1966

¿Quién Tiene la Culpa?

En el Paso Cuatro buscábamos resueltamente nuestras propias faltas. ¿Cuándo habíamos sido egoístas, faltos de honradez y habíamos tenido miedo? Aunque no enteramente culpables por una situación determinada, a menudo intentábamos echar toda la culpa a la otra persona involucrada.

Finalmente llegamos a darnos cuenta de que el inventario debía ser el nuestro y no el de la otra persona. Así que admitimos sinceramente nuestras faltas y nos dispusimos a enmendarlas.

Una Comunidad — Muchos Credos

Como sociedad no debemos nunca llegar a ser tan presumidos como para creernos los autores e inventores de una nueva religión. Humildemente reflexionaremos sobre el hecho de que todos y cada uno de los principios de A.A. nos los hemos apropiado de fuentes antiguas.

* * * * *

Un ministro nos escribió desde Tailandia: "Llevamos los Doce Pasos de A.A. al mayor monasterio Budista de esta provincia y el monje director nos dijo: '¡Pero, son estupendos! Para nosotros los budistas sería más aceptable si ustedes insertaran en sus Pasos la palabra 'bien' en lugar de 'Dios'. Sin embargo, ustedes dicen que es un Dios como cada cual Lo concibe, y eso sin duda incluye 'el bien'. Los Doce Pasos de A.A. seguramente serán aceptados por todos los budistas de esta región'".

* * * * *

Los veteranos de St. Louis recuerdan cómo el padre Ed Dowling les ayudó a formar su grupo; resultó estar compuesto principalmente por protestantes, pero esto no le importaba en absoluto.

A.A. LLEGA A SU MAYORIA DE EDAD
1. pág. 231
2. pág. 81
3. pág. 37

El Liderazgo en A.A.

Ninguna sociedad puede funcionar bien sin líderes capaces en todos sus niveles, y A.A. no puede ser una excepción. Tenemos que decir, sin embargo, que a nosotros, los A.A., a veces nos entusiasma la idea de que podemos continuar sin mucho liderazgo personal. Estamos inclinados a desvirtuar la idea tradicional de "anteponer los principios a las personalidades" a tal punto que no debe haber "personalidad" en el liderazgo. Esto significaría más bien autómatas sin cara que estarían tratando de complacer a todos.

Un líder en servicio dentro de A.A. es un hombre o mujer que puede personalmente poner en acción principios, planes y normas, en una forma tan dedicada y efectiva que el resto de nosotros tendríamos el deseo de respaldarlo y ayudarlo en su trabajo. Cuando un líder nos dirige mal, nos rebelamos; pero cuando él, muy mansamente, se convierte en un cumplidor de órdenes y no toma decisiones propias — bueno, entonces realmente no es un líder.

La Respuesta en el Espejo

En nuestros días de bebedores, estábamos convencidos de que nuestra inteligencia, respaldada por
nuestra fuerza de voluntad, podría controlar debi-
damente nuestra vida interior y asegurar nuestro
éxito en el mundo a nuestro alrededor. Esta brava
filosofía, según la cual cada hombre hace el papel
de Dios, suena muy bien, pero todavía tiene que
someterse a la prueba decisiva: ¿cómo va a funcionar en la práctica? Una detenida mirada al espejo
fue suficiente respuesta.

* * * * *

Mi propio despertar espiritual me vino como un
relámpago y fue totalmente convincente. Al instante me convertí en una parte —aunque fuese una
pequeñísima parte— de un universo regido por la
justicia y el amor personificados por Dios. Fuesen
cuales fuesen las consecuencias de mi propia obstinación e ignorancia, y las de compañeros de viaje
en esta tierra, ésta era, no obstante, la verdad. Esta
era la nueva y rotunda seguridad que sentía, y ha
quedado conmigo para siempre.

1. DOCE Y DOCE, pág. 35
2. GRAPEVINE, Enero de 1962

La Humildad También
para la Comunidad

Nosotros, los miembros de A.A., a veces alardeamos de las virtudes de nuestra comunidad. Debemos tener presente que muy pocas de estas virtudes son de hecho merecidas. Hemos sido obligados a tenerlas por el despiadado látigo del alcoholismo. Finalmente las adoptamos no por querer hacerlo sino por tener que hacerlo.

Con el tiempo según la experiencia iba confirmando lo aparentemente acertados que eran nuestros principios básicos, empezamos a conformarnos porque era acertado hacerlo. Algunos de nosotros, notablemente yo mismo, aún entonces nos conformamos con desgana.

Pero por fin llegamos a un punto en el que nos encontramos dispuestos a conformarnos permanente y gustosamente a los principios que la experiencia, por la gracia de Dios, nos ha enseñado.

¿Basta con la Sobriedad?

El alcohólico es como un huracán rugiente que pasa por las vidas de otros. Se destrozan corazones. Mueren las dulces relaciones. Los afectos se desarraigan. Hábitos egoístas y desconsiderados han tenido el hogar en un constante alboroto.

Creemos que es un irreflexivo el hombre que dice que le basta con abstenerse de beber. Esa actitud es como la del campesino que, después de la tormenta, sale de su escondite y sin poner atención a su hogar arruinado dice a su mujer: "No te fijes: aquí no ha pasado nada. Lo bueno es que el viento ha cesado".

* * * * *

Nos preguntamos a nosotros mismos qué queremos decir cuando hablamos de haber causado "daño" a otras personas. ¿Qué tipos de "daños" puede causar una persona a otra? Para definir la palabra "daño" de una manera práctica, podemos decir que es el resultado de un choque de los instintos que le causa a alguien un perjuicio físico, mental, emocional o espiritual.

1. ALCOHOLICOS ANONIMOS, pág. 82
2. DOCE Y DOCE, pág. 78

El Comienzo de un Verdadero Parentesco

Cuando llegamos a A.A. y por primera vez en nuestras vidas nos encontramos entre personas que parecían comprendernos, la sensación de pertenecer fue tremendamente emocionante. Creíamos que el problema del aislamiento había sido resuelto.

Pero pronto descubrimos que, aunque ya no estábamos aislados en el sentido social, todavía seguíamos sufriendo las viejas punzadas del angustioso aislamiento. Hasta que no hablamos con perfecta franqueza de nuestros conflictos y no escuchamos a otro hacer la misma cosa, seguíamos con la sensación de no pertenecer.

En el Quinto Paso se encontraba la solución. Fue el principio de una auténtica relación con Dios y con nuestros prójimos.

El Día del Regreso al Hogar

"Así como la sobriedad significa una vida larga y felicidad para el individuo, la unidad significa precisamente lo mismo para nuestra Comunidad en su totalidad. Unidos vivimos; desunidos pereceremos".

* * * * *

"Tenemos que pensar profundamente en todos aquellos enfermos que no han llegado todavía a A.A. Mientras se esfuerzan por volver a la fe y a la vida, queremos que encuentren en A.A. todo lo que hemos encontrado, y aun más, si fuese posible. Ninguna molestia, ninguna vigilancia, ningún esfuerzo para preservar la eficacia constante y la fortaleza espiritual de A.A. jamás serán lo suficientemente grandes como para hacer que no estemos plenamente preparados y dispuestos para acogerlos en el día de su regreso al hogar".

1. CARTA, 1949
2. CHARLA, 1959

¿Amar a Todo el Mundo?

Poca gente puede afirmar con toda sinceridad que ama a todo el mundo. La mayoría de nosotros tenemos que confesar que sólo hemos amado a unas cuantas personas; que la mayor parte de la gente nos era indiferente. Y, en cuanto al resto, pues les hemos tenido aversión o les hemos odiado.

Los A.A. tenemos que encontrar algo mucho mejor para poder mantener nuestro equilibrio. La idea de que podamos amar posesivamente a unas cuantas personas, ignorar a la mayoría y seguir temiendo u odiando a cualquier persona, tiene que abandonarse, aunque sea gradualmente.

Podemos intentar dejar de imponer exigencias poco razonables en nuestros seres queridos. Podemos mostrar bondad donde nunca la habíamos mostrado. Con aquellos que no nos gustan, podemos empezar a comportarnos con justicia y cortesía, tal vez haciendo un esfuerzo especial para comprenderles y ayudarles.

DOCE Y DOCE, págs. 90-91

El Privilegio de Comunicar

Nadie podría dudar en decir que los A.A. somos muy afortunados; afortunados por haber sufrido tanto; afortunados por poder conocernos, comprendernos y amarnos unos a otros tan supremamente bien.

Difícilmente podemos atribuirnos el mérito de tener estas cualidades y virtudes. A decir verdad, la mayoría de nosotros somos bien conscientes de que son dádivas extraordinarias que tienen su verdadera raíz en nuestra afinidad nacida del sufrimiento en común y de la liberación por la gracia de Dios.

Por lo tanto, tenemos el privilegio de comunicarnos los unos con los otros de una manera y con una intensidad que rara vez vemos sobrepasar entre nuestros amigos no-alcohólicos en el mundo a nuestro alrededor.

* * * * *

"En el pasado me sentía avergonzado de mi condición, así que no hablaba de ella. Hoy en día, confieso francamente que tengo tendencia a la depresión, y esto ha atraído hacia mí a otros con la misma tendencia. El trabajar con ellos me ha ayudado muchísimo".*

1. GRAPEVINE, Octubre 1959
2. CARTA, 1954

Bill añadió que no había sufrido ninguna depresión desde 1954.

El Valor de la Voluntad Humana

Muchos recién llegados que no han experimentado sino un desinflamiento constante se encuentran cada vez más convencidos de que la voluntad humana no vale para nada en absoluto. Han llegado a creer, y con razón, que otros muchos problemas además del alcohol, no cederán ante un ataque frontal emprendido por el individuo solo y sin ayuda.

Pero ahora parece que hay ciertas cosas que sólo el individuo puede hacer. El solito, y conforme a sus propias circunstancias, tiene que cultivar la buena voluntad. Cuando haya adquirido la buena voluntad, sólo él puede tomar la decisión de esforzarse por desarrollarse espiritualmente. El intentar hacer esto es un acto de su propia voluntad. Es el uso apropiado de esta facultad.

Todos los Doce Pasos requieren un constante esfuerzo personal para someternos a sus principios y así, creemos, a la voluntad de Dios.

233

La Vida Cotidiana

En A.A. se ha dado un énfasis tan marcado al inventario solamente porque muchos de nosotros nunca nos hemos acostumbrado a examinarnos rigurosa e imparcialmente. Una vez adquirido este sano hábito, nos resultará tan interesante y provechoso que el tiempo que dediquemos a hacerlo no nos podrá parecer perdido. Porque estos minutos o, a veces horas, que pasamos haciendo nuestro autoexamen tienen que hacer que las demás horas del día sean más gratas y felices. Y, con el tiempo, nuestros inventarios dejan de ser algo inusitado o extraño, y acaban convirtiéndose en una parte integrante de nuestra vida cotidiana.

DOCE Y DOCE, págs. 87-88

Los Prisioneros Liberados

Carta a un grupo de un correccional:

"Todo miembro de A.A. ha sido, en algún sentido, un prisionero. Cada uno de nosotros ha construido un muro a su alrededor, aislándose de la sociedad; cada uno ha conocido el estigma social. Ustedes han tenido una suerte aun más penosa. En su caso, la sociedad les ha emparedado. No obstante, no hay realmente ninguna diferencia esencial, y casi todos los A.A. son ahora conscientes de esta similaridad.

"Por lo tanto, cuando ustedes ingresen como miembros en el mundo de A.A. de afuera, pueden tener la seguridad de que a nadie le importará un bledo el hecho de que ustedes han cumplido una condena. Lo que pretenden ser —y no lo que han sido— es lo único que tiene importancia para nosotros".

* * * * *

"A veces es difícil soportar los problemas mentales y emocionales mientras estamos tratando de mantener nuestra sobriedad. No obstante, nos damos cuenta de que, a la larga, el poder superar tales problemas es la verdadera prueba de la manera de vivir de A.A. La adversidad nos depara más oportunidad para desarrollarnos que la comodidad y el éxito".

1. CARTA, 1949
2. CARTA, 1964

En Busca de la Fe Perdida

Muchos A.A. pueden decir, "Sí, nosotros también nos vimos desviados de la fe de nuestra infancia. Conforme el éxito material empezó a llegarnos, nos parecía que estábamos ganando el juego de la vida. Esto nos produjo un gran regocijo y nos hizo sentirnos felices.

"¿Por qué molestarnos con abstracciones teológicas y obligaciones religiosas o con el estado de nuestra alma, tanto aquí como en el más allá? La voluntad de triunfar nos salvaría.

"Pero entonces el alcohol empezó a apoderarse de nosotros. Finalmente, al mirar al marcador y no ver ningún tanto a nuestro favor y darnos cuenta de que con un fallo más nos quedaríamos para siempre fuera de juego, tuvimos que buscar nuestra fe perdida. La volvimos a encontrar en A.A."

DOCE Y DOCE, págs. 26-27

La Perfección — Unicamente el Objetivo

Para nosotros los seres humanos la humildad absoluta es imposible. Lo mejor que podemos esperar es vislumbrar el significado y el resplandor de este perfecto ideal. Sólo Dios puede manifestarse en lo absoluto; los seres humanos tenemos que vivir y desarrollarnos en el ámbito de lo relativo.

Aspiramos conseguir la humildad para hoy.

* * * * *

Pocos de nosotros podemos, rápida y fácilmente, llegar a estar dispuestos a aspirar a la perfección espiritual y moral; preferimos contentarnos con alcanzar la perfección suficiente para permitirnos salir del paso, según, naturalmente, nuestras diversas ideas personales de lo que significa salir del paso. Erróneamente, nos esforzamos por alcanzar un objetivo marcado por nosotros mismos en vez de aspirar alcanzar el objetivo perfecto que es el de Dios.

1. GRAPEVINE, Junio de 1961
2. DOCE Y DOCE, pág. 65

No Se Dan Ordenes

Ni la Conferencia de Servicios Generales, ni la junta de custodios ni el más humilde comité de grupo puede dar ninguna orden a ningún miembro de A.A. y hacer que se cumpla, ni mucho menos imponer un castigo. Hemos intentado hacerlo muchas veces, pero el resultado siempre ha sido un fracaso total.

Los grupos han tratado de expulsar a algunos miembros, pero los expulsados han regresado al lugar de la reunión y han dicho: "Para nosotros esto es la vida; no pueden prohibirnos la entrada". Algunos comités han dado instrucciones a muchos miembros para que dejen de trabajar con una persona que recae constantemente, sólo para tener como respuesta: "La forma en que hago el trabajo de Paso Doce es asunto mío. ¿Quiénes son ustedes para juzgarme?"

Esto no significa que un A.A. no vaya a aceptar consejos o sugerencias de miembros más experimentados. Simplemente se niega a aceptar órdenes.

El Martirio Sensiblero

"La autoconmiseración es uno de los defectos más infelices y que más nos carcomen que conozcamos. Es un obstáculo para todo progreso espiritual y puede cortar toda efectiva comunicación con nuestros compañeros, debido a su exagerada reclamación de atención y simpatía. Es una forma sensiblera del martirio que difícilmente nos podemos permitir.

"¿El remedio? Pues, sometámonos a un sincero autoexamen, y examinemos aun más detenidamente los Doce Pasos de recuperación de A.A. Al ver cuántos de nuestros compañeros de A.A. han utilizado los Pasos para superar grandes dolores y adversidades, nos sentimos animados a probar estos principios vivificantes en nosotros mismos".

CARTA, 1966

Cuándo y Cómo Dar

Los individuos que claman por dinero o aloja-miento como condición para lograr su sobriedad van por mal camino. Sin embargo, a veces sumi-nistramos esas cosas a un principiante — si se pue-de ver que está dispuesto a poner su recuperación en primer lugar.

No se trata de una cuestión de dar, sino de cuándo y cómo hacerlo. Cuando colocamos nuestro traba-jo en un plano material, el alcohólico comienza a depender de las dádivas en vez de en un Poder Su-perior y del grupo A.A. Clama por esto o aquello sosteniendo que no puede dominar el alcohol mien-tras no sean atendidas sus necesidades materiales.

Tonterías. Algunos de nosotros hemos recibido golpes muy fuertes para aprender esta verdad: Con empleo o sin empleo, con esposa o sin esposa, sen-cillamente no dejamos de beber mientras antepon-gamos la dependencia de otras personas a la de-pendencia de Dios.

Duros con Nosotros Mismos, Considerados con los Demás

No podemos revelar a nuestras esposas ni a nuestros padres nada que pueda lastimarlos y hacerlos desgraciados. No tenemos ningún derecho a salvar nuestro propio pellejo a costa de ellos.

Estas partes de nuestra historia se las contamos a alguien que comprenda pero que no resulte afectado. La regla es que debemos ser duros con nosotros mismos pero siempre considerados con los demás.

* * * * *

El buen juicio nos sugerirá que andemos a paso mesurado al hacer enmiendas a nuestras familias. En esta etapa puede ser poco sensato sacar a relucir ciertos episodios angustiosos. Aunque estemos completamente dispuestos a confesar lo peor, tenemos que recordar que no podemos comprar nuestra tranquilidad de espíritu a expensas ajenas.

1. ALCOHOLICOS ANONIMOS, pág. 74
2. DOCE Y DOCE, pág. 82

En Medio de la Calle

"En algunos grupos de A.A., se ha llevado el anonimato a un extremo verdaderamente absurdo. Los miembros tienen una base de comunicación tan mala que no saben ni siquiera los apellidos de sus compañeros, ni dónde viven. Se parece a una célula de un movimiento clandestino.

"En otros grupos vemos precisamente lo contrario. Es difícil refrenar el impulso de los A.A. de gritarlo todo ante el público, dándoselas de personajes en sensacionales 'viajes de conferencia'.

"No obstante, yo sé que, de estos dos extremos, poco a poco nos arrastramos al terreno medio. La mayoría de los miembros que van dando conferencias no duran mucho tiempo, y lo probable es que respecto a sus amigos A.A., sus asociados comerciales y similares, la gente superanónima salga de su escondite. Creo que la tendencia a largo plazo es hacia el medio de la calle — donde, probablemente, debemos estar".

CARTA, 1959

Entregarse sin Reserva

Después de haber fracasado en mis intentos de ayudar a lograr la sobriedad a otros borrachos, el Dr. Silkworth volvió a recordarme la observación del profesor William James de que las experiencias espirituales verdaderamente transformadoras casi siempre se originan en la calamidad y el colapso total. "Deja de sermonearles", dijo el Dr. Silkworth, "y preséntales primero los crudos hechos médicos. Puede que esto les impresione tanto que estén dispuestos a hacer cualquier cosa para recuperarse. Luego puede que acepten esas ideas de psicología moral tuyas, e incluso un Poder Superior".

* * * * *

Te suplicamos que seas valiente y concienzudo desde el mismísimo comienzo. Algunos de nosotros tratamos de aferramos a nuestras viejas ideas y el resultado fue nulo — hasta que nos deshicimos de ellas sin reserva.

1. A.A. LLEGA A SU MAYORIA DE EDAD, pág. 13
2. ALCOHOLICOS ANONIMOS, pág. 58

Reflexiones Matutinas

Al despertar, pensemos en las veinticuatro horas que tenemos por delante. Le pedimos a Dios que dirija nuestro pensamiento, pidiendo especialmente que esté libre de autoconmiseración y de motivos falsos y egoístas. Bajo estas condiciones podemos usar nuestras facultades mentales confiadamente porque, después de todo, Dios nos ha dado el cerebro para usarlo. El mundo de nuestros pensamientos estará situado en un plano mucho más elevado cuando nuestra manera de pensar esté libre de motivos falsos.

Si tenemos que elegir entre dos posibles rumbos a seguir, le pedimos a Dios inspiración, una idea intuitiva o una decisión. Luego, procuramos estar tranquilos y tomamos las cosas con calma. Frecuentemente quedamos sorprendidos de cómo acuden las respuestas acertadas después de haber ensayado esto durante algún tiempo.

Generalmente concluimos el período de meditación orando para que se nos indique a lo largo del día cuál ha de ser nuestro siguiente paso, pidiendo especialmente liberación de la dañina obstinación.

Hacia la Madurez

Muchos veteranos que han puesto a dura y venturosa prueba nuestra "curación alcohólica", todavía se encuentran faltos de sobriedad emocional. Para lograrla tenemos que adquirir madurez y equilibrio verdaderos (es decir, humildad) en nuestras relaciones con nosotros mismos, con nuestros compañeros y con Dios.

* * * * *

No nos convirtamos nunca en una corporación cerrada; nunca privemos al mundo a nuestro alrededor de la experiencia que tenemos acumulada, sea cual sea su valor. Que nuestros miembros participen en todas las esferas de actividad humana. Que aporten la experiencia y espíritu de A.A. a todas estas actividades, sea cual sea el bien que se pueda lograr. Porque Dios no sólo nos ha salvado del alcoholismo; el mundo nos ha recibido nuevamente como ciudadanos.

1. GRAPEVINE, Enero de 1958
2. A.A. LLEGA A SU MAYORIA DE EDAD, págs. 232-233

Combate Cuerpo a Cuerpo

Son muy contados los que, acosados por el tirano alcohol, han logrado ganar este combate mano a mano. Las estadísticas demuestran que los alcohólicos casi nunca se recuperan sólo por sus propios medios.

* * * * *

Alrededor de Point Barrow en Alaska, dos prospectores de petróleo salieron juntos y consiguieron una cabaña y una caja de whisky. El tiempo se puso muy frío, la temperatura descendió a cincuenta grados bajo cero y ellos estaban tan embriagados que dejaron apagar el fuego que los calentaba. A punto ya de morir por congelamiento, uno de ellos se despertó a tiempo para reavivar el fuego. Salió a buscar algo de combustible y miró dentro de un barril de petróleo que tenía agua congelada. Allá dentro del hielo vio un objeto rojizo amarillento. Lo descongeló y resultó ser el libro de A.A. Uno de los dos leyó el libro y dejó de beber. La leyenda es que aquel hombre se convirtió en el fundador de uno de nuestros más lejanos grupos del norte.

1. DOCE Y DOCE, pág. 20
2. A.A. LLEGA A SU MAYORIA DE EDAD, págs. 82-83

El Instinto de Vivir

Cuando un hombre o una mujer consumen tanto alcohol que destruyen su vida, hacen algo que va completamente "contra natura". Al desafiar su deseo instintivo de conservación, parecen estar empeñados en destruirse a sí mismos. Actúan en contra de su instinto más profundo.

Conforme se ven humillados por los terribles latigazos que les da el alcohol, la gracia de Dios puede entrar en sus vidas y expulsar su obsesión. En esto, su poderoso instinto de sobrevivir puede cooperar plenamente con el deseo de su Creador de darle una nueva vida

* * * * *

"La característica central de la experiencia espiritual es que da al recipiente una nueva y mejor motivación fuera de toda proporción con cualquier procedimiento de disciplina, creencia o fe.

"Estas experiencias no nos pueden hacer íntegros de una vez; son un renacimiento a una nueva y segura oportunidad".

1. DOCE Y DOCE, pág. 61
2. CARTA, 1965

¿Has Hecho el Experimento?

"Ya que se supone que la mentalidad abierta y la experimentación son los atributos indispensables de nuestra civilización, parece extraño que tantos científicos se muestren reacios a poner a prueba personalmente la hipótesis de que Dios viniera primero y el ser humano después. Prefieren creer que el hombre sea un producto fortuito de la evolución; que Dios, el Creador, no existe.

"Lo único que puedo decir al respecto es que he hecho experimentos con ambos conceptos y que, en mi caso, el concepto Dios ha resultado facilitar una mejor base para vivir que el homocentrismo.

"No obstante, sería el primero en defender tu derecho a creer como te convenga. Simplemente te haré esta pregunta: '¿Has hecho alguna vez en tu propia vida, un esfuerzo sincero para pensar y actuar como si pudiera existir un Dios? ¿Has hecho el experimento?'"

CARTA, 1950

Necesitamos Ayuda Ajena

Nos parecía muy obvio que hacer un examen solitario de nosotros mismos, y reconocer nuestros defectos, basándonos únicamente en esto, no iba a ser suficiente. Tendríamos que contar con ayuda ajena para estar seguros de conocer y admitir la verdad acerca de nosotros mismos — la ayuda de Dios y de otro ser humano.

Sólo al darnos a conocer totalmente y sin reservas, sólo al estar dispuestos a escuchar consejos y aceptar orientación, podríamos poner pie en el camino del recto pensamiento, de la rigurosa honradez, y de la auténtica humildad.

* * * * *

Si nos estamos engañando a nosotros mismos, un consejero competente puede verlo rápidamente. A medida que él nos ayuda a salir de nuestras fantasías, nos sorprende descubrir que cada vez sentimos menos la acostumbrada ansia de defendernos contra las verdades desagradables. No hay mejor forma de hacer desaparecer el miedo, la soberbia y la ignorancia. Al cabo de un tiempo, nos damos cuenta de que tenemos una base nueva y sólida para nuestra integridad. Y con gratitud les atribuimos el mérito a nuestros padrinos cuyo consejo nos indicó el camino.

1. DOCE Y DOCE, pág. 56
2. GRAPEVINE, Agosto de 1961

Las Dádivas de Dios

Veremos que el sol nunca se pone en la Comunidad de A.A., que 350,000 personas se han recuperado de nuestra enfermedad; que hemos empezado a superar por todas partes las formidables barreras de raza, religión y nacionalidad. Este testimonio seguro de que tantos de nosotros hemos podido cumplir con las responsabilidades que aseguran nuestra sobriedad, nuestro desarrollo y nuestra eficacia en el turbulento mundo en que vivimos, sin duda nos llenará de la más profunda alegría y satisfacción.

No obstante, por ser gente que casi siempre hemos aprendido por la dura experiencia, no nos vamos a felicitar a nosotros mismos. Nos daremos cuenta de que estos bienes son dádivas de Dios, a los cuales hemos respondido en parte mostrándonos cada vez más dispuestos a descubrir y hacer Su voluntad para con nosotros.

La Oración Bajo Presión

Cada vez que me encuentro sometido a graves tensiones, alargo mis paseos diarios y voy recitando calmadamente nuestra Oración de la Serenidad al ritmo de mis pasos y de mi respiración.

Si me parece que mi dolor ha sido ocasionado en parte por otros, trato de repetir, "Dios, concédeme la serenidad para amar lo mejor de ellos y nunca temer lo peor". Este benigno proceso curativo de repetición, en el que a veces es necesario persistir por algunos días, raras veces ha fallado en devolverme un equilibrio emocional y una perspectiva suficientes por lo menos para seguir.

251

Afrontar la Realidad

"No te desanimes tanto por aquella recaída. Los borrachos casi nunca escarmentamos en cabeza ajena.

"La idea que tienes de trasladarte a otro lugar, puede que sea buena, puede que no. Tal vez te hayas metido en un aprieto emocional o económico con el que no puedes enfrentarte donde te encuentras en el momento. Pero quizás estés haciendo lo que todos hemos hecho en alguna u otra época: quizás estés huyendo. ¿Por qué no tratas de volver a pensarlo cuidadosamente?

"¿Estás sinceramente anteponiendo a todo tu recuperación? O ¿estás haciéndola depender de otra gente, del sitio o de las circunstancias? Te puede resultar mucho mejor afrontar la realidad allí donde estás ahora y, con la ayuda del programa de A.A., superarla. Antes de tomar una decisión, considéralo desde este punto de vista".

CARTA, 1949

252

Ya no Estamos Solos

El alcoholismo era una existencia muy solitaria, aunque hubiéramos estado rodeados de gente que nos quería. Pero cuando nuestra obstinación había alejado a todo el mundo y nuestro aislamiento llegó a ser total, empezamos a hacer el papel de personajes en cantinas baratas. Y al haber fracasado incluso en esto, tuvimos que salir solos a la calle a depender de la caridad de los transeúntes.

Intentábamos encontrar la seguridad emocional dominando a los demás o dependiendo de ellos. E incluso cuando no habíamos sufrido un fracaso total, nos encontrábamos solos en el mundo. Seguíamos intentando en vano lograr la seguridad por medio de una forma malsana de dominación o dependencia.

Para los que éramos así, A.A. tiene un significado muy especial. Mediante A.A. empezamos a aprender a relacionarnos apropiadamente con la gente que nos comprende; ya no tenemos que estar solos.

"¿Mirar Antes de Saltar?"

"Con razón los sabios tienen en alta estima la virtud de la prudencia. Se dan cuenta de que, faltando este atributo tan importante, es poca la sabiduría que se puede lograr.

"No basta meramente 'mirar antes de saltar'. Si el mirar está cargado de temor, de recelo o de ira, sería mejor nunca haber mirado ni actuado en absoluto".

* * * * *

"Vamos perdiendo el temor a tomar decisiones conforme vamos dándonos cuenta de que, si la decisión resulta equivocada, podemos, si queremos, aprender de la experiencia. Si nuestra decisión resulta acertada, podemos dar gracias a Dios por habernos infundido el valor y la gracia que nos hicieron actuar así".

Las Satisfacciones del Recto Vivir

Qué maravilloso es saber que no es necesario que nos distingamos entre nuestros semejantes para poder llevar una vida útil y profundamente feliz. Pocos de nosotros llegaremos a ser líderes eminentes, ni queremos serlo.

El servicio gustosamente prestado, las obligaciones honradamente cumplidas, los problemas francamente aceptados o resueltos con la ayuda de Dios, la conciencia de que, en casa o en el mundo exterior, todos somos participantes en un esfuerzo común, la realidad bien entendida de que a los ojos de Dios todo ser humano es importante, la prueba de que el amor libremente dado siempre tiene su plena recompensa, la certeza de que ya no estamos aislados ni solos en las prisiones que nosotros hemos construido, la seguridad de que podemos encajar en el plan de Dios y formar parte de Su designio — éstas son las satisfacciones del recto vivir que no podrían ser reemplazadas por ninguna cantidad de pompa y circunstancia, ni ninguna acumulación de bienes materiales.

Una Comprensión más Amplia

Para llegar cada vez a más alcohólicos sería necesario que se comprenda A.A. y que la aceptación del público hacia A.A. siga aumentando en todas partes. Es necesario tener muy buenas relaciones con la medicina, la religión, empresarios, gobiernos, tribunales, prisiones, hospitales mentales y todos aquellos que tengan algo que ver con el alcoholismo. Necesitamos incrementar la confianza de los editores, escritores, periodistas y gente de radio y televisión. Estos canales de publicidad deben abrirse cada vez más ampliamente.

* * * * *

No hay nada más importante para el bienestar futuro de A.A. que la forma en que utilicemos esta red colosal de comunicación. Si se utiliza bien y sin egoísmo, los resultados pueden sobrepasar todo lo que nos podamos imaginar.

Si hacemos mal uso de este magnífico instrumento, acabaremos destrozados por las exigencias egoístas de nuestros propios compañeros. Contra este peligro, el anonimato de los miembros de A.A. ante el público es nuestro escudo y nuestra defensa.

1. DOCE CONCEPTOS, págs. 61-62
2. GRAPEVINE, Noviembre de 1960

¿Una Experiencia "Especial"?

Tuve una tremenda experiencia mística o "iluminación", y al principio, me resultaba muy natural creer que esta experiencia me distinguía como alguien muy especial.

Pero ahora, al recordar este tremendo acontecimiento, sólo puedo sentir una especial gratitud. Ahora parece estar claro que las únicas características especiales de mi experiencia fueron lo súbito de ella y la convicción inmediata y abrumadora que me produjo.

Pero estoy seguro de que en todos sus otros aspectos, mi propia experiencia no era diferente en absoluto de la experimentada por cualquier otro miembro de A.A. que haya practicado asiduamente nuestro programa de recuperación. Con toda seguridad, la gracia que recibe también le viene de Dios. La única diferencia es que él llega a ser consciente de su dádiva de una manera gradual.

La Clave de la Sobriedad

La capacidad única de cada miembro de A.A. para identificarse con el principiante y conducirle hacia la recuperación no depende en absoluto de su cultura, su elocuencia ni de cualquier otra pericia particular. Lo único que cuenta es que es un alcohólico que ha encontrado la clave de la sobriedad.

* * * * *

En mi primera conversación con el Dr. Bob, insistí mucho en la desesperanza de su caso desde el punto de vista médico, usando libremente las palabras con que el Dr. Silkworth describió el dilema del alcohólico, la "obsesión más la alergia". Aunque Bob era médico, estas fueron para él noticias nuevas, de hecho, malas noticias. Y el hecho de que yo era un alcohólico y sabía de lo que estaba hablando por experiencia personal hizo que el impacto fuera demoledor.

Vean ustedes, nuestra conversación fue algo completamente mutuo. Yo había dejado de predicar. Sabía que yo necesitaba a este alcohólico tanto como él me necesitaba a mí.

---

1. DOCE Y DOCE, pág. 147
2. A.A. LLEGA A SU MAYORIA DE EDAD, pág. 69-70

258

Por Debajo de la Superficie

Algunos pondrán reparos a muchas de las preguntas a las que se debe responder en un inventario moral, porque creen que sus propios defectos de carácter no eran de tanta envergadura. A estas personas se les puede sugerir que un examen concienzudo probablemente sacará a relucir esos mismos defectos a los que se referían las preguntas molestas.

Ya que, vista superficialmente, nuestra historia no parece ser tan mala, a menudo nos asombramos al descubrir que así parece porque hemos enterrado estos defectos de carácter bajo gruesas capas de autojustificación. Sean cuales sean, estos defectos emboscados nos han tendido la trampa que acabó por llevarnos al alcoholismo y la infelicidad.

Nuestro Servidor, no Nuestro Amo

En A.A. descubrimos que no importaba mucho cuál fuera nuestra condición material; lo realmente importante era nuestra condición espiritual. Poco a poco el dinero pasó de ser nuestro dueño a ser nuestro servidor. Llegó a convertirse en un medio para intercambiar amor y servicio con aquellos que nos rodeaban.

* * * * *

Una historia muy típica de los solitarios de A.A. es la del australiano, pastor de ovejas, que vivía a unas 2,000 millas del pueblo más cercano a donde cada año tenía que ir para vender su lana. Para estar seguro de conseguir los mejores precios tenía que viajar al pueblo durante un determinado mes. Pero al enterarse de que se iba a celebrar una gran reunión regional de A.A. en fecha posterior cuando los precios ya habrían bajado, aceptó de buen grado sufrir una sustancial pérdida económica para poder viajar al pueblo en esas fechas. Así de importante era para él una reunión de A.A.

1. DOCE Y DOCE, pág. 119
2. A.A. LLEGA A SU MAYORIA DE EDAD, pág. 31

260

Realidad Interior

Constantemente se está demostrando, a medida que se va estudiando el mundo material, que las apariencias externas no son de ninguna manera la realidad interior. La prosaica viga de acero es una masa de electrones girando uno alrededor del otro a una velocidad increíble y estos cuerpos insignificantes son gobernados por leyes precisas. La ciencia nos dice que así es: no tenemos ningún motivo para dudarlo.

Pero cuando se sugiere la perfectamente lógica suposición de que, detrás del mundo material, tal como lo vemos, hay una Inteligencia todopoderosa, dirigente y creadora, ahí mismo salta a la superficie nuestra perversa vanidad y laboriosamente nos dedicamos a convencernos de que no es así. Si fuesen ciertas nuestras pretensiones, resultaría de ellas que la vida se originó de la nada, que no tiene ningún significado y que va hacia la nada.

"Sin Miedo Hicimos un Minucioso..."

Mi autoanálisis ha sido frecuentemente imperfecto. A veces, no compartía mis defectos con la gente apropiada; en algunas ocasiones, he confesado sus defectos, en lugar de los míos; y en otras, mi confesión de defectos se ha parecido mucho a una queja clamorosa de mis circunstancias y problemas.

* * * * *

Cuando A.A. sugiere que hagamos sin miedo un inventario moral, tiene que parecerle al recién llegado que se le pide más de lo que puede hacer. Cada vez que intenta mirar en su interior, tanto su orgullo como sus temores le hacen retroceder. El Orgullo le dice, "No hace falta que te molestes en hacerlo", y el Temor le dice, "No te atrevas a hacerlo".

Pero esta clase de orgullo y miedo no son sino espantajos. Una vez que estemos plenamente dispuestos a hacer nuestro inventario, y que nos dediquemos a hacerlo con todo esmero, una luz inesperada nos llega para disipar la neblina. Conforme perseveramos en el intento, nace una nueva seguridad, y el alivio que sentimos al enfrentarnos por fin con nosotros mismos es indescriptible.

1. GRAPEVINE, Junio de 1958
2. DOCE Y DOCE, págs. 46-47

Responsabilidades Individuales

Recalquemos que esta aversión a pelearnos entre nosotros o con los demás, no la consideramos como una virtud especial que nos da el derecho a sentirnos superiores a otra gente. Ni tampoco quiere decir que los miembros de Alcohólicos Anónimos vayan a evadir su responsabilidad individual cívica. En este respecto deben sentirse libres de actuar según les parece apropiado con respecto a las cuestiones de nuestra época.

Pero cuando se trata de A.A. como un todo, es un asunto muy diferente. Como grupo, no nos metemos en controversias públicas, porque sabemos que nuestra Sociedad perecerá si lo hacemos.

El Miedo y la Fe

El lograr liberarse del miedo es una empresa para toda la vida, una empresa que nunca se puede terminar completamente.

Al vernos ferozmente asediados, seriamente enfermos, o en otras circunstancias de gran inseguridad, todos nosotros reaccionaremos a esta emoción, de buena o mala forma, según el caso. Sólo el que se engaña a sí mismo pretende estar totalmente libre del temor.

* * * * *

Nos dimos cuenta, por fin, de que la fe en alguna clase de Dios era parte de nuestra manera de ser. Algunas veces tuvimos que buscar con perseverancia, pero allí estaba El. El era un hecho tan real como lo éramos nosotros. Encontramos la Gran Realidad en lo más profundo de nosotros mismos.

1. GRAPEVINE, Enero de 1962
2. ALCOHOLICOS ANONIMOS, pág. 55

El Paso que nos Hace Seguir Creciendo

A veces cuando nuestros amigos nos dicen lo bien que nos encuentran, en nuestro fuero interno, sabemos que no es así. Sabemos que no nos encontramos suficientemente bien. Todavía no podemos enfrentarnos a la vida, tal como es. Debe haber un grave defecto en nuestra práctica y en nuestro desarrollo espiritual.

Entonces, ¿en qué consiste?

Es muy posible que la causa de nuestro problema se encuentre en nuestra falta de comprensión o en nuestra falta de practicar el Undécimo Paso de A.A. — la oración, la meditación, y la orientación de Dios.

Los demás Pasos nos hacen posible a la mayoría de nosotros mantenernos sobrios y funcionar. Pero el Undécimo Paso nos permite seguir desarrollándonos, si nos dedicamos diligente y constantemente a practicarlo.

Ni la Dependencia ni la Autosuficiencia

Cuando exigíamos que la gente nos protegiera y nos cuidara, como si fuéramos niños, o insistíamos en que el mundo nos debía algo, los resultados eran desastrosos. Nuestros seres más queridos se alejaban de nosotros o nos abandonaban completamente. Nuestra desilusión era difícil de aguantar.

No pudimos ver que, a pesar de ser mayores de edad, aún seguíamos comportándonos de una manera infantil, tratando de convertir a todo el mundo —amigos, esposas, maridos, incluso al mismo mundo— en padres protectores. Nos habíamos negado a aprender la dura lección de que una dependencia excesiva de otra gente no funciona, porque todas las personas son falibles, e incluso las mejores a veces nos decepcionan, especialmente cuando las exigencias que les imponemos son poco razonables.

*****

Estamos ahora basándonos en algo diferente: nos basamos y confiamos en Dios. Confiamos en Dios infinito en vez de en nuestros egos limitados. Justamente hasta el punto en que obramos como creemos que El lo desea y humildemente confiamos en El, así El nos capacita para enfrentarnos con serenidad ante las calamidades.

1. DOCE Y DOCE, pág. 113
2. ALCOHOLICOS ANONIMOS, pág. 68

Dar Gracias

Aunque todavía me resulta difícil aceptar las penas e inquietudes de hoy con mucha serenidad —como, según parece, los más avanzados en la vida espiritual pueden hacer— puedo no obstante dar gracias por los dolores del presente.

Encuentro la voluntad para hacer esto al contemplar las lecciones aprendidas de los sufrimientos del pasado — lecciones que me han llevado a las bendiciones de las que ahora disfruto. Puedo recordar cómo las angustias del alcoholismo, la pena de la rebeldía y del orgullo frustrado a menudo me han conducido a la gracia de Dios, y así a una nueva libertad.

GRAPEVINE, Marzo de 1962

Bajo Nuestros Pretextos

Los borrachos somos campeones de justificar y fabricar excusas. El oficio del psiquiatra es penetrar en nuestras excusas y descubrir las causas subyacentes de nuestra conducta. Aunque no hemos tenido ninguna formación en la psiquiatría, después de pasar algún tiempo en A.A., podemos ver que nuestras motivaciones no han sido lo que hemos creído que eran y que hemos sido motivados por fuerzas desconocidas para nosotros. Por lo tanto debemos considerar, con el más sincero respeto, interés, y para nuestro mayor beneficio, los resultados y descubrimientos de la psiquiatría.

* * * * *

El desarrollo espiritual por medio de la práctica de los Doce Pasos, junto con la ayuda de un buen padrino, pueden normalmente revelar la mayoría de las razones más profundas de nuestros defectos de carácter, por lo menos hasta un grado que satisfaga nuestras necesidades prácticas. No obstante, debemos estar agradecidos de que nuestros amigos del campo de la psiquiatría hayan recalcado tan enérgicamente la necesidad de buscar motivos falsos y, a menudo, inconscientes.

1. A.A. LLEGA A SU MAYORIA DE EDAD, pág. 236
2. CARTA, 1966

Esa Gente

"Al igual que tú, a menudo me he considerado víctima de lo que otra gente dice y hace. No obstante, cada vez que confesaba los pecados de tales personas, especialmente aquellas cuyos pecados no correspondían exactamente con los míos, me parecía que no servía sino para empeorar el daño. Mis propios resentimientos y lástima de mí mismo me convertían a menudo en casi inútil para los demás.

"Por eso, hoy día, si alguien habla de mí de manera hiriente, me pregunto en primer lugar si hay algo de verdad en lo que dice. Si no lo hay, trato de recordarme que yo también en varias ocasiones he hablado amargamente de otras personas; que este chismorreo hiriente no es sino un síntoma de nuestra enfermedad emocional; y que no debo nunca enojarme con la irracionalidad de gente enferma.

"Bajo circunstancias muy difíciles, he tenido que disculpar repetidas veces a otras personas — y a mí mismo. ¿Has tratado recientemente de hacer esto?"

CARTA, 1946

Al Terminar la Infancia

"Tienes que recordar que cada grupo de A.A. se inicia, como es debido, por medio de los esfuerzos de un solo hombre y sus amigos — un fundador y su jerarquía. No hay otra forma.

"Sin embargo, al terminar la infancia, los líderes originales siempre tienen que hacerse a un lado para dar paso a la democracia que brota de las mismas raíces y que, con el tiempo, dejará de lado a aquellos que en el pasado se escogieron a sí mismos como líderes".

* * * * *

Carta al Dr. Bob

"En todas partes los grupos de A.A. han tomado en sus propias manos sus asuntos de servicio. Los fundadores locales y sus amigos ahora se han hecho a un lado. Nunca podré entender por qué tanta gente, al pensar en el futuro de nuestros servicios mundiales, olvida este hecho.

"Con el tiempo los grupos asumirán la responsabilidad, y tal vez derrocharán su patrimonio al recibirlo. Es probable, no obstante, que no lo hagan. De todos modos, han madurado realmente; A.A. les pertenece. Entreguémosela".

CARTAS
1. 1950
2. 1949

La Honradez y la Recuperación

Al hacer su inventario, el miembro puede considerar algunas preguntas como las siguientes:

¿Cómo he hecho daño a otras personas y a mí mismo insistiendo en satisfacer mi deseo egoísta de relaciones sexuales? ¿Quiénes se vieron lastimados, y cuál fue el daño que les hice? ¿Precisamente cómo reaccioné ante estas situaciones en el momento que ocurrieron? ¿Me sentía consumido de un sentimiento de culpabilidad? O, ¿insistí que era yo el perseguido y no el perseguidor, intentando así absolverme?

¿Cómo he reaccionado ante la frustración en cuestiones sexuales? Al verme rechazado, ¿me he vuelto vengativo o deprimido? ¿Me he desquitado con terceras personas? Si he encontrado un rechazo o frialdad en casa, ¿lo he aprovechado como un pretexto para tener aventuras amorosas?

* * * * *

No dejes que ningún alcohólico te diga que no puede recuperarse a menos que recupere a su familia. Su recuperación no depende de la gente, sino de su relación con Dios como él Lo conciba.

1. DOCE Y DOCE, págs. 47-48
2. ALCOHOLICOS ANONIMOS, pág. 99

A.A. en Dos Palabras

"Todo progreso en A.A. se puede calcular en términos de sólo dos palabras: humildad y responsabilidad. Nuestro desarrollo espiritual se puede medir con precisión en función de nuestro grado de adhesión a estos dos magníficos criterios.

"Una humildad cada vez más profunda, acompañada de una creciente disposición a aceptar y a asumir las obligaciones bien definidas, son las piedras de toque de nuestro progreso en la vida espiritual. Para nosotros, son la esencia misma del buen vivir y del bien hacer. Por medio de ellas podemos descubrir y hacer la voluntad de Dios.

CHARLA, 1965 (publicada en el Grapevine, enero de 1966)

Problemas de Nuestra Propia Fabricación

¡Egoísmo — concentración en sí mismo! Creemos que esta es la raíz de nuestras dificultades. Acosados por cien formas de temor, de vana ilusión, de egoísmo, de autoconmiseración, les pisamos los pies a nuestros compañeros y éstos se vengan. A veces nos hieren aparentemente sin provocación, pero invariablemente encontramos que alguna vez en el pasado tomamos decisiones egoístas que más tarde nos colocaron en posición propicia para ser lastimados.

Así es que nuestras dificultades, creemos, son básicamente producto de nosotros mismos; surgen de nosotros, y el alcohólico es un ejemplo extremo de la obstinación desbocada, aunque normalmente él piense que no es así. Por encima de todo, nosotros los alcohólicos tenemos que librarnos de ese egoísmo. ¡Tenemos que hacerlo o nos mata!

Irresistible Amor

La vida de cada miembro y de cada grupo de A.A. está basada en nuestros Doce Pasos y Doce Tradiciones. Sabemos que el castigo por desobedecer insistentemente estos principios es para el individuo, la muerte y, para el grupo, la disolución. Pero una fuerza aun mayor para la unidad de A.A. es el irresistible amor que tenemos por nuestros compañeros así como por los principios de A.A.

* * * * *

Se podría creer que la gente de la sede de A.A. en Nueva York tendría que tener alguna autoridad personal. Pero hace tiempo ya que tanto los custodios como los miembros del personal se dieron cuenta de que no podían hacer más que ofrecer sugerencias, y además ofrecerlas de forma muy suave.

Incluso tuvieron que inventar un par de frases que todavía aparecen en la mitad de las cartas que escriben: "Claro que tienes perfecta libertad de manejar este asunto como mejor te parezca. Pero en su mayor parte, la experiencia de A.A. parece indicar que…"

La sede mundial de A.A. no es una entidad que impone mandatos; sino que es la más grande transmisora de las lecciones de nuestra experiencia acumulada.

1. DOCE CONCEPTOS, pág. 11
2. DOCE Y DOCE, págs. 168-169

Hacerlo a Solas

En cuestiones espirituales, es peligroso hacer las cosas a solas. Cuántas veces hemos oído a gente bien intencionada decir que habían recibido la orientación de Dios, cuando en realidad era muy obvio que estaban totalmente equivocados. Por falta de práctica y de humildad, se habían engañado a ellos mismos, y podían justificar las tonterías más disparatadas, manteniendo que esto era lo que Dios les había dicho.

Vale la pena destacar que la gente que ha logrado un gran desarrollo espiritual casi siempre insisten en confirmar con amigos y consejeros espirituales la orientación que creen haber recibido de Dios. Claro está, entonces, que un principiante no debe exponerse al riesgo de cometer errores tontos y, tal vez, trágicos en este sentido. Aunque los comentarios y consejos de otras personas no tienen por qué ser infalibles, es probable que sean mucho más específicos que cualquier orientación directa que podamos recibir mientras tengamos tan poca experiencia en establecer contacto con un Poder superior a nosotros mismos.

Al Dar Nos Recuperamos

Delinea al nuevo candidato el programa de acción, explicándole cómo hiciste tu propio inventario personal, cómo desenredaste tu pasado y por qué estás ahora tratando de ayudarlo. Es importante para él que se dé cuenta de que tu tentativa de pasarle esto a él, desempeña un papel vital en tu propia recuperación. En realidad, él puede estar ayudándote más de lo que tú le estés ayudando. Pon de manifiesto que él no tiene ninguna obligación contigo.

* * * * *

Durante los primeros seis meses de mi propia sobriedad, me dedicaba diligentemente a trabajar con muchos alcohólicos. Ninguno de ellos respondió. Sin embargo, ese trabajo servía para mantenerme sobrio. Esos alcohólicos no me dieron nada. La estabilidad que logré se originó en mis esfuerzos para dar, no en mis exigencias de que se me diera.

1. ALCOHOLICOS ANONIMOS, pág. 94
2. GRAPEVINE, Enero de 1958

276

Un Poder Superior para los Ateos

"He tenido multitud de experiencias, en su mayoría buenas, con los ateos. Todo miembro de A.A. tiene el derecho de formar sus propias opiniones. Es mucho mejor mantener una sociedad abierta y tolerante, que suprimir cualquier pequeño disturbio que sus opiniones puedan ocasionar. De hecho, nunca he oído de ningún alcohólico que haya muerto de alcoholismo a causa de las opiniones de algún ateo sobre el cosmos.

"Pero siempre pido a esta gente que acuda a un 'Poder Superior' — o sea, su propio grupo. Cuando entran en su grupo, la mayoría de los miembros están sobrios, y ellos, borrachos. Por lo tanto, el grupo es un 'Poder Superior'. Esto es suficiente para empezar y, desde este punto, la mayoría de ellos progresan. Yo sé cómo se sienten por haber sido yo una vez así".

CARTA, 1962

Para Aligerar Nuestra Carga

Sólo puede haber una única consideración que frene nuestro deseo de hacer una revelación total del daño que hemos hecho. Esta se presentará en las raras ocasiones en las que el hacerlo supondría causar un grave daño a la persona a quien queremos hacer enmiendas. O —de igual importancia— a otras personas. Por ejemplo, no podemos contar con todo detalle nuestras aventuras amorosas a nuestros confiados cónyuges.

No aligeramos nuestra carga cuando inconsideradamente hacemos más pesada la cruz de otros.

* * * * *

Al hacer reparaciones, debemos tener sentido común y tacto, ser considerados y humildes, sin ser serviles o rastreros. Como criaturas de Dios llevamos la frente en alto; no nos arrastramos ante nadie.

1. DOCE Y DOCE, pág. 84
2. ALCOHOLICOS ANONIMOS, pág. 83

Hablar sin Temor

En realidad, muy pocos de nosotros somos anónimos en nuestros contactos diarios. Hemos dejado de guardar nuestro anonimato a este nivel porque creemos que nuestros amigos y colegas deben saber de Alcohólicos Anónimos y de lo que A.A. ha hecho por nosotros. También queremos librarnos del temor a admitir que somos alcohólicos. Aunque pedimos sinceramente a los reporteros que no revelen nuestra identidad, a menudo hablamos en reuniones semipúblicas utilizando nuestros nombres completos. Queremos convencer a nuestros auditorios de que nuestro alcoholismo es una enfermedad de la cual ya no tememos discutir ante nadie.

Pero si nos arriesgamos a sobrepasar este límite, sin duda perderemos el principio del anonimato para siempre. Si cada A.A. se sintiese libre de publicar su propio nombre, foto o historia, prontamente nos lanzaríamos a una orgía inmensa de publicidad personal.

* * * * *

Aunque muchos miembros las miran con algún recelo, yo estoy a favor de las llamadas reuniones públicas, con tal que se respete el anonimato en los reportajes de la prensa, y no pidamos para nosotros mismos nada sino la comprensión.

1. GRAPEVINE, Enero de 1946
2. CARTA, 1949

El Arte de Inventar Disculpas

La mayoría de los A.A., en sus días de bebedores, estuvieron gravemente afligidos por la autojustificación. Para la mayoría de nosotros, la autojustificación era lo que nos daba excusas — excusas para beber, por supuesto, y para todo tipo de conducta disparatada y dañina. Eramos artistas en la invención de pretextos.

Teníamos que beber porque estábamos pasándolo muy mal, o muy bien. Teníamos que beber porque en nuestros hogares nos agobiaban con amor, o porque no recibíamos amor alguno. Teníamos que beber porque en nuestros trabajos teníamos un gran éxito, o porque habíamos fracasado. Teníamos que beber porque nuestro país había ganado una guerra o perdido la paz. Y así fue, ad infinitum.

* * * * *

A muchos de nosotros nos costaba mucho tiempo ver lo engañados que estábamos por nuestras volubles emociones. En lo que respecta a otra gente, teníamos que eliminar la palabra "culpa" de nuestro vocabulario y de nuestros pensamientos.

DOCE Y DOCE
1. págs. 43-44
2. pág. 44

Espiritualmente Preparados

Dado que estamos preparados espiritualmente, podemos hacer toda clase de cosas que se supone no deben hacer los alcohólicos. La gente ha dicho que no debemos ir a lugares donde se sirve licor; que no debemos tenerlo en nuestra casa; que debemos huir de los amigos que beben; que debemos evitar las películas en las que hay escenas donde se bebe; que no debemos ir a los bares; que nuestros amigos deben esconder las botellas cuando vamos a su casa; que no se nos debe recordar para nada el alcohol. Nuestra experiencia demuestra que esto no es necesariamente así.

Tropezamos con estas situaciones todos los días. Un alcohólico que no puede encararlas, todavía tiene una mentalidad alcohólica; algo le pasa a su estado espiritual. La única probabilidad de sobriedad para él sería que estuviera en el casquete glaciar de Groenlandia, y aun allí podrá aparecer un esquimal con una botella de licor, lo que echaría a perder todo.

Nosotros Como Individuos

Hay una sola prueba segura para todas las experiencias espirituales: "Por sus frutos los conoceréis".

Por esta razón creo que no debemos poner en duda la transformación de ninguna persona — ya se haya producido de una manera súbita o gradual. Ni tampoco debemos exigir para nosotros mismos el tipo especial de experiencia que hayan tenido otros, porque nuestra propia experiencia indica que seguramente recibiremos la que mejor corresponda a nuestras propias necesidades.

* * * * *

Los seres humanos nunca son totalmente idénticos, así que cada uno de nosotros, al hacer nuestro inventario, tendremos que determinar cuáles son nuestros propios defectos de carácter. Cuando encuentre los zapatos a su medida, debe ponérselos y andar con la seguridad de que por fin está en el buen camino.

1. GRAPEVINE, Julio de 1962
2. DOCE Y DOCE, pág. 45

Los Instintos Desbocados

Cada vez que una persona impone en otros sus irrazonables instintos, la consecuencia es la infelicidad. Si en su búsqueda de la riqueza, pisotea a la gente que se encuentra en su camino, es probable que vaya a suscitar la ira, los celos y la venganza. Si el instinto sexual se desboca, habrá una conmoción similar.

Exigir demasiada atención, protección, y amor a otra gente sólo puede incitar en los mismos protectores la repulsión y la dominación — dos emociones tan malsanas como las exigencias que las provocaron. Cuando los deseos de conseguir prestigio personal llegan a ser incontrolables, ya sea en el círculo de amigos o en la mesa de conferencias internacionales, siempre hay algunas personas que sufren y, a menudo, se rebelan. Este choque de los instintos puede producir desde un frío desaire hasta una revolución violenta.

"Impotente Ante el Alcohol"

Yo había ido cuesta abajo sin parar, y en aquel día de 1934, me encontraba tumbado en una cama en el piso de arriba del hospital, reconociendo por primera vez que estaba totalmente desahuciado.

Lois estaba abajo, y el Dr. Silkworth, con su acostumbrada gentileza, estaba tratando de explicarle cuál era mi problema y decirle que yo estaba desahuciado. "Pero Bill tiene una tremenda fuerza de voluntad", dijo ella. "Ha tratado desesperadamente de recuperarse. Lo hemos probado todo. Doctor, ¿por qué no puede dejar de beber?"

Él le explicó que mi forma de beber, que antes era un hábito, se había convertido en una obsesión, una verdadera locura que me condenaba a beber contra mi voluntad.

* * * * *

"En las últimas etapas de nuestras carreras de bebedores, se nos desvanece la voluntad de resistir. No obstante, cuando admitimos la derrota absoluta y estamos totalmente dispuestos a probar los principios de A.A., se desvanece nuestra obsesión y entramos en una nueva dimensión — la libertad bajo Dios como nosotros Lo concebimos".

1. A.A. LLEGA A SU MAYORIA DE EDAD, pág. 52
2. CARTA, 1966

La Fe —Un Plano— y una Obra

"La idea de 'vivir un plan de 24 horas' se aplica primordialmente a la vida emocional del individuo. Desde el punto de vista emocional, no debemos vivir en el ayer, ni en el mañana.

"Pero nunca he creído que esto signifique que el individuo, el grupo o A.A. en su totalidad no debe en absoluto pensar en cómo funcionar mañana o incluso en un futuro aún más lejano. La fe por sí sola nunca habría construido la casa en la que vives. Era necesario tener un plano, y trabajar mucho para hacerlo realidad.

"No hay nada más acertado para nosotros los A.A. que el texto bíblico que dice, 'la fe sin obras es fe muerta'. Los servicios de A.A., todos encaminados a hacer posible un mejor trabajo de Paso Doce, son las 'obras' que aseguran nuestra vida y nuestro desarrollo, evitando el estancamiento y la anarquía".

CARTA, 1954

Falso Orgullo

Lo alarmante de la ceguera del orgullo es la facilidad con la que se puede justificar. Pero no tenemos que buscar muy lejos para encontrar evidencia de que esta engañosa especie de autojustificación es lo que universalmente destruye la armonía y el amor. Es lo que enemista a una persona con su semejante, una nación contra la otra. Valiéndonos de la autojustificación, podemos hacer que todo tipo de locura y violencia parezca buena e incluso respetable.

* * * * *

Sería un producto del falso orgullo creer que Alcohólicos Anónimos es una panacea, incluso para el alcoholismo.

1. GRAPEVINE, Junio de 1961
2. A.A. LLEGA A SU MAYORIA DE EDAD, pág. 232

Dominar los Resentimientos

Empezamos a percibir que el mundo y la gente que hay en éste en realidad nos dominaban. En ese estado desgraciado, las maldades de otros, imaginarias o reales, tenían el suficiente poder para matarnos — porque los resentimientos podían hacernos volver a beber. ¿Cómo podíamos salvarnos? Nos dimos cuenta de que había que dominar estos resentimientos. ¿Pero cómo? No podíamos hacerlo con sólo desearlo.

Este fue el curso que seguimos: Nos dimos cuenta de que la gente que era injusta con nosotros tal vez estuviera enferma espiritualmente. Le pedimos a Dios que nos ayudara a mostrarles la misma tolerancia, paciencia y compasión que gustosamente tendríamos para con un amigo enfermo.

Ahora evitamos el desquite o la discusión. No trataríamos así a quien estuviese enfermo. Si lo hacemos, destruimos la oportunidad que tenemos de ayudar. No podemos ayudar a toda la gente, pero cuando menos Dios nos mostrará cómo ver con tolerancia y bondad a todos y cada uno de nuestros semejantes.

ALCOHOLICOS ANONIMOS, págs. 66-67

Aspectos de la Espiritualidad

"Entre los A.A. existe todavía una gran confusión en cuanto a diferenciar entre lo material y lo espiritual. Prefiero creer que es cuestión de motivo. Si utilizamos nuestros bienes materiales de una manera demasiado egoísta, entonces somos materialistas. Pero si los compartimos con otros de una forma servicial, lo material ayuda a lo espiritual".

* * * * *

"Sigue persistiendo la idea de que los instintos son principalmente malos y constituyen los estorbos ante los que toda espiritualidad falla. Creo que la diferencia entre lo bueno y lo malo no corresponde a una diferencia entre el hombre espiritual y el hombre instintivo, sino a la diferencia entre el bien y el mal uso de lo instintivo. El reconocimiento de lo instintivo y su apropiado encauzamiento son lo esencial para llegar a la integridad".

1. CARTA, 1958
2. CARTA, 1954

Sobriedad Emocional

Si analizamos todas las inquietudes que sentimos, las grandes y las pequeñas, encontraremos en su origen alguna dependencia malsana y la exigencia malsana derivada de esta dependencia. Abandonemos, con la gracia de Dios, estas exigencias estorbadoras.

Entonces nos veremos liberados para vivir y para amar; entonces, nos será posible aprovechar el trabajo de Paso Doce, tanto con nosotros mismos como con otra gente, para lograr la sobriedad emocional.

1. GRAPEVINE, Enero de 1958

Cuando se Acumulan los Conflictos

Pero en ocasiones, me veía simplemente obligado a considerar ciertas situaciones en las que, a primera vista, todo me estaba marchando muy mal. En seguida surgía en mí una vehemente rebeldía y me lanzaba en una frenética búsqueda de excusas.

"Estos", me decía, "son los pecadillos de un hombre recto". Cuando este artilugio predilecto ya no me sirvió más, me decía: "Si esa gente me tratara bien, no tendría que comportarme así". Y luego: "Dios sabe que sufro de tremendas obsesiones. Esta única no puedo superarla. Por lo tanto, él tendrá que librarme". Finalmente llegó la hora en que clamé: "Esto no lo haré, ni siquiera intentaré hacerlo".

Naturalmente, mis conflictos seguían intensificándose porque tenía acumulado un montón de excusas y negativas y flagrante rebeldía.

* * * * *

En el autoexamen es posible que lo que oigamos decir a Dios cuando estamos solos esté desvirtuado por nuestras propias racionalizaciones y fantasías. La ventaja de hablar con otra persona es que podemos escuchar sus comentarios y consejos inmediatos respecto a nuestra situación.

1. GRAPEVINE, Junio de 1961
2. DOCE Y DOCE, pág. 57

El Tiempo y el Dinero

Nuestra actitud acerca de ofrecer gratuitamente nuestro tiempo presenta una diferencia interesante comparada con nuestra actitud hacia la donación de nuestro dinero. Damos una gran cantidad de nuestro tiempo a las actividades de A.A. para nuestra propia protección y crecimiento, pero también para el bien de nuestro grupo, nuestras áreas, A.A. en su totalidad y, sobre todo, para los recién llegados. Expresado en términos de dinero, estos sacrificios equivaldrían a una cantidad inmensa.

Pero cuando se trata de gastar dinero en efectivo, particularmente para pagar los gastos de funcionamiento de los servicios mundiales, muchos de nosotros podemos volvernos un poco reacios. Nos ponemos a pensar en todo aquel dinero que perdimos en nuestros días de bebedores, todas aquellas sumas que debimos haber ahorrado para emergencias o para la educación de nuestros hijos.

Pero en los años recientes, estas actitudes han ido declinando, y desaparecen tan pronto se muestra claramente la necesidad real de proporcionar un servicio de A.A. Los donantes muy raras veces pueden conocer el resultado exacto, pero saben muy bien que un número incontable de otros alcohólicos y sus familias con certeza serán ayudados.

1. DOCE CONCEPTOS, págs. 80-81

¿Para Matar o Curar las Penas?

"Creo que cuando éramos alcohólicos activos, bebíamos para matar las penas —ya fuesen físicas, emocionales o psíquicas. Por supuesto, la resistencia de cada cual tiene su límite y me imagino que sobrepasaste el tuyo— de ahí que volvieras a recurrir a la botella.

"En tu lugar, no me inundaría con una culpa devastadora por haberlo hecho; por otro lado, esta experiencia debe reforzar tu convicción de que el alcohol no sirve de forma permanente para matar las penas".

* * * * *

En toda historia de A.A., el sufrimiento había sido el precio de entrada a una nueva vida. Pero este precio de entrada nos había comprado más de lo que esperábamos. Traía consigo cierto grado de humildad, la cual, pronto descubrimos, aliviaba el sufrimiento. Empezamos a temerle menos al sufrimiento y a desear la humildad más que nunca.

1. CARTA, 1959
2. DOCE Y DOCE, pág. 72

Hacia el Compañerismo

Cuando las relaciones han sido grandemente alteradas, puede ser necesario un largo período de pacientes esfuerzos. Después de que el marido se haya unido a A.A., puede que la mujer se vuelva descontenta, e incluso que se sienta resentida de que Alcohólicos Anónimos haya logrado hacer aquello que ella no pudo hacer con tantos años de dedicación. Es posible que su marido llegue a estar tan absorto en A.A. y con sus nuevos amigos que se comporte de una manera poco considerada y pase más tiempo fuera de casa que cuando bebía. Cada uno le echa la culpa al otro.

Pero con el tiempo, el alcohólico, al darse cuenta de todo el daño que él ha hecho a ella y a sus hijos, casi siempre asume sus responsabilidades matrimoniales, bien dispuesto para reparar lo que pueda y aceptar aquello que no pueda corregir Asiduamente sigue intentando practicar en su hogar todos los Doce Pasos de A.A., a menudo con buenos resultados. Llegado a este punto empieza, con firmeza, pero cariñosamente, a comportarse como un marido y no como un niño travieso.

La Rebeldía o la Aceptación

Todos nosotros, sin excepción, pasamos por temporadas en las que sólo podemos rezar mediante un inmenso esfuerzo de voluntad. Hay momentos en los que ni siquiera esto nos sirve. Nos sobrecoge una rebeldía tan corrosiva que simplemente rehusamos rezar. Cuando estas cosas nos ocurren, no debemos juzgarnos despiadadamente. Debemos simplemente reanudar la oración tan pronto como podamos, haciendo así lo que sabemos que nos va bien.

* * * * *

La persona que se dedica asiduamente a rezar, acaba recibiendo grandes dádivas. Al encontrarse en circunstancias difíciles, puede enfrentarse a ellas y aceptarlas. Ahora puede aceptarse a sí mismo y al mundo a su alrededor.

Esto lo puede hacer porque ahora acepta un Dios que lo es Todo — y que ama a todos. Cuando dice, "Padre nuestro que estás en los cielos, santificado sea Tu nombre", nuestro amigo, plena y humildemente, lo dice con toda sinceridad. Al meditar y verse así liberado del mundanal ruido, sabe que está en las manos de Dios; que tiene asegurado su propio destino, aquí y en el más allá, pase lo que pase.

1. DOCE Y DOCE, pág. 103
2. GRAPEVINE, Junio de 1958

Amor + Racionalidad = Desarrollo

"Me parece que el propósito primordial de todo ser humano es desarrollarse, como Dios ha dispuesto, siendo esto la esencia de todo lo que crece.

"El objetivo de nuestra búsqueda debe ser la realidad que podamos encontrar, que incluye la mejor definición y sentimiento de amor que podamos adquirir. Si la capacidad para amar está dentro del ser humano, entonces con seguridad tiene que estar en su Creador.

"La teología me ayuda porque muchos de sus conceptos me hacen creer que vivo en un universo racional, bajo un Dios amoroso, y que mi propia irracionalidad puede irse limando poco a poco. Este, supongo, es el proceso de desarrollo para el que estamos destinados".

Orar Correctamente

Nos creíamos muy devotos en cuanto a las prácticas religiosas, pero al volver a considerarlo con toda sinceridad, nos dimos cuenta de que sólo practicábamos lo superficial. Otros de nosotros habíamos ido al otro extremo, sumiéndonos en el sentimentalismo y confundiéndolo con los auténticos sentimientos religiosos. En ambos casos, habíamos pedido que se nos diera algo a cambio de nada.

No habíamos rezado como se debe rezar. Siempre habíamos dicho, "Concédeme mis deseos", en vez de "Hágase tu voluntad". Del amor a Dios y del amor al prójimo no teníamos la menor comprensión. Por lo tanto, seguíamos engañándonos a nosotros mismos y, en consecuencia, no estábamos en la posibilidad de recibir la gracia suficiente para devolvernos el sano juicio.

Inventario Diario

A menudo, al repasar los eventos del día, únicamente el examen más cuidadoso nos revelará nuestros verdaderos motivos. Habrá casos en los que nuestra vieja enemiga, la autojustificación, haya intervenido para defender algo que, en realidad, estaba equivocado. Aquí nos sentimos tentados a convencernos de que teníamos buenos motivos y razones cuando de hecho no era así.

Hemos "criticado constructivamente" a alguien porque lo merecía y lo necesitaba, pero nuestro verdadero motivo era el de vencerle en una vana disputa. O, si la persona en cuestión no estaba presente, creíamos que estábamos ayudando a los demás a comprenderle, cuando en realidad nuestro motivo era el de rebajarle para así sentirnos superiores a él.

A veces, herimos a nuestros seres queridos porque les hace falta que alguien "les dé una lección", cuando de hecho, queremos castigarles. A veces, sintiéndonos deprimidos, nos quejamos de lo mal que lo estamos pasando, cuando en realidad, queremos que la gente fije en nosotros su atención y que exprese su compasión para con nosotros.

Una Visión de la Totalidad

"Aunque muchos de nosotros hemos tenido que luchar por la sobriedad, hasta la fecha la Comunidad no ha tenido que luchar todavía por la unidad perdida. Por lo tanto, frecuentemente consideramos como asegurado este don maravilloso. Olvidamos que, si perdiéramos nuestra unidad, los millones de alcohólicos que aún 'no saben' podrían perder la oportunidad de saber".

* * * * *

"Solíamos ser escépticos en cuanto a las reuniones grandes de A.A., tales como las convenciones, pensando que podrían resultar demasiado exhibicionistas. Pero mirándolo bien, tienen una utilidad tremenda. Aunque el interés de cada A.A. debe centrarse primordialmente en aquellos que le rodean y en su propio grupo, es tan necesario como deseable que logremos una visión más amplia de la totalidad.

"La Conferencia de Servicios Generales en Nueva York también produce este efecto en los que participan. Es un proceso que amplía la visión".

1. CARTA, 1949
2. CARTA, 1956

Un Gran Comienzo

Incluso el miembro más recién llegado, cuando se esfuerza por ayudar a su hermano alcohólico que anda aun más ciego que él, encuentra recompensas inimaginables. Esta es, de verdad, la dádiva que no exige nada a cambio. El no espera que su compañero de fatigas le pague, ni siquiera que lo ame.

Luego, se da cuenta de que, por medio de esta paradoja divina, al dar así, sin esperar nada, ha encontrado su propia recompensa, ya sea que su hermano haya recibido algo o no. Aunque tenga todavía algunos defectos de carácter muy graves, de una u otra manera, sabe que Dios le ha capacitado para dar un gran comienzo, y le llena la sensación de haber llegado al umbral de nuevos misterios, alegrías y experiencias con los que nunca jamás había soñado.

El Anonimato y la Sobriedad

A medida que se multiplicaban los grupos de A.A., también se multiplicaban los problemas de anonimato. Entusiasmados por la recuperación espectacular de un hermano alcohólico, a veces hablábamos abiertamente de los detalles íntimos y angustiosos de su caso, detalles que estaban destinados únicamente a los oídos de su padrino. Entonces, la víctima agraviada decía, con razón, que habíamos traicionado su confianza.

Estos episodios, cuando empezaron a circular fuera de A.A., provocaron una gran falta de confianza en nuestra promesa de anonimato. Incluso hacían que a menudo la gente se alejara de nosotros. Claramente, el nombre —y también la historia— de cada miembro de A.A. tenía que ser confidencial, si él así lo deseaba.

* * * * *

Ahora nos damos perfecta cuenta de que un cien por cien de anonimato personal ante el público es tan importante para la vida de A.A. como es un cien por cien de sobriedad para la vida de todo miembro. Esto no es el consejo del miedo; es la voz prudente de la larga experiencia.

1. DOCE Y DOCE, pág. 180
2. A.A. LLEGA A SU MAYORIA DE EDAD, pág. 293

La Gente de Fe

Nosotros, los que recorrimos este camino por el agnosticismo y ateísmo, te suplicamos que hagas a un lado los prejuicios, incluso hasta aquellos contra la religión organizada. Hemos aprendido que cualesquiera que sean las debilidades humanas de los distintos credos, esos credos han proporcionado un propósito y una dirección a millones de seres. La gente de fe tiene una idea lógica del propósito de la vida.

En realidad, no teníamos absolutamente ningún concepto razonable. Nos divertíamos criticando cínicamente las creencias y prácticas espirituales en vez de observar que la gente de todas las razas, colores y credos estaba demostrando un grado de estabilidad, felicidad y utilidad que nosotros mismos debíamos haber buscado.

Para Reconstruir la Seguridad

Respecto a nuestra conducta en lo concerniente a la seguridad económica y emocional, el temor, la avaricia, los celos y el orgullo suelen tener el peor efecto. Al repasar su historial profesional o laboral, casi cualquier alcohólico puede hacerse preguntas como éstas: Además de mi problema con la bebida, ¿qué defectos de carácter contribuyeron a mi inestabilidad económica? ¿Destruyeron la confianza que tenía en mismo y me llenaron de conflictos el temor y la inseguridad que sentía acerca de mi aptitud para hacer mis trabajos? O, ¿me sobrestimaba a mí mismo y hacía el papel de personaje importante?

Estas preguntas se aplican igualmente a las mujeres de negocios en A.A. Y el ama de casa alcohólica también puede causar la inseguridad económica de la familia. En realidad, todos los alcohólicos tienen que examinarse despiadadamente a sí mismos para determinar cómo sus propios defectos de personalidad han demolido su seguridad.

Camaradería en Peligro

Los A.A. somos como los pasajeros de una gran embarcación recién salvados de un naufragio, cuando la camaradería, la democracia y la alegría prevalecen en el barco desde las bodegas hasta la mesa del capitán.

Pero, a diferencia del sentir de los pasajeros del barco, nuestra alegría por haber escapado del desastre no decrece al ir cada cual por su lado. La sensación de compartir un peligro común —el de recaer en el alcoholismo— continúa siendo uno de los poderosos elementos que nos unen.

* * * * *

Nuestra primera mujer alcohólica había sido una paciente del Dr. Harry Tiebout quien le entregó a ella una copia del manuscrito del libro de A.A. antes de su publicación. La primera lectura la puso muy rebelde, pero la segunda la dejó convencida. Poco tiempo después se presentó en nuestra sala de estar y de allí volvió al sanatorio para pasar a un paciente compañero el siguiente mensaje clásico: "Ya no estamos solos".

1. ALCOHOLICOS ANONIMOS, pág. 17
2. A.A. LLEGA A SU MAYORIA DE EDAD, pág. 18

Consejeros Cariñosos

Si no me hubiera visto dotado de consejeros tan sabios y cariñosos, me habría vuelto loco hace mucho tiempo. Una vez un médico me salvó de morir de alcoholismo porque me obligó a encarar lo mortal que es esta enfermedad. Más tarde, otro médico, un siquiatra, me hizo posible mantener mi cordura ayudándome a desenterrar algunos de mis profundamente escondidos defectos. De un clérigo, obtuve los principios honrados de acuerdo a los cuales nosotros los A.A. tratamos de vivir ahora.

Pero estos preciados amigos me ofrecían mucho más que sus talentos profesionales. Supe que podía acudir a ellos con cualquier problema que se me presentara. Con sólo pedirlas, su sabiduría y su integridad estaban a mi entera disposición.

He tenido una relación exactamente igual con muchos de mis más queridos amigos de A.A. Muy a menudo, por el mero hecho de ser miembros de A.A., me podían ayudar en asuntos en los que otros no podían.

El Unico Propósito

Hay quienes predicen que Alcohólicos Anónimos puede llegar a ser la punta de lanza de un nuevo despertar espiritual por todo el mundo. Nuestros amigos que lo dicen son generosos y sinceros. Pero los A.A. tenemos que reflexionar sobre el hecho de que tal tributo y tal profecía puede resultar ser una bebida embriagadora para la mayoría de nosotros — es decir, si llegáramos a creer que esto era el verdadero objetivo de A.A. y empezáramos a comportarnos como si lo fuera.

Nuestra sociedad, por lo tanto, se aferrará prudentemente a su único propósito: llevar el mensaje al alcohólico que aún sufre. Resistámonos a la orgullosa suposición de que, ya que Dios nos ha hecho posible hacer algo bien en un área, estamos destinados a ser un conducto de la gracia salvadora para todos.

305

Desde la Raíz Principal

El principio de que no encontraremos una fortaleza duradera hasta que no hayamos admitido la derrota total es la raíz principal de la que ha brotado y florecido nuestra Sociedad.

* * * * *

A cada recién llegado a Alcohólicos Anónimos se le dice, y muy pronto llega a darse cuenta por sí mismo, que esta humilde admisión de impotencia ante el alcohol es su primer paso hacia la liberación de su dominio paralizador.

Es así como, por primera vez, vemos la necesidad de tener humildad. Pero esto no es sino un mero comienzo. La mayoría de nosotros tardamos mucho tiempo en librarnos completamente de nuestra aversión a la idea de ser humildes, en lograr tener una visión de la humildad como una conducta hacia la verdadera libertad del espíritu humano, en estar dispuestos a trabajar para conseguir la humildad como una cosa deseable en sí misma. No se puede dar una vuelta de 180 grados en un abrir y cerrar de ojos a toda una vida encaminada a satisfacer nuestros deseos egocéntricos.

¿Es Nuestra Meta la Felicidad?

"No creo que la cuestión está en la felicidad o la infelicidad. ¿Cómo abordamos los problemas que se nos presentan? ¿Cómo aprendemos mejor de estos problemas, y cómo transmitimos lo que hemos aprendido a otra gente que deseen estos conocimientos?

"A mi parecer, nosotros los de este mundo somos alumnos de la gran escuela de la vida. El propósito es tratar de desarrollarnos, y también tratar de ayudar a nuestros compañeros de viaje a desarrollarse en el amor que no impone ninguna exigencia. Es decir, tratamos de acercarnos a la imagen y semejanza de Dios, como Lo concebimos nosotros.

"Cuando nos llega el dolor, se espera que aprendamos gustosamente su lección y que ayudemos a otros a aprender. Cuando nos llega la felicidad, la aceptamos como un regalo y la agradecemos a Dios".

307

Círculo y Triángulo

En la Convención Internacional de St. Louis de 1955, al mirar hacia arriba podíamos ver flotando una bandera que llevaba inscrito el nuevo símbolo de A.A., un triángulo inscrito en un círculo. El círculo representa la totalidad de A.A. y el triángulo, los Tres Legados de A.A., la Recuperación, la Unidad y el Servicio.

El haber escogido este símbolo puede que no sea una mera casualidad. Los sacerdotes y profetas de la antigüedad consideraban el triángulo inscrito en un círculo como un medio para protegerse de los espíritus del mal.

* * * * *

Cuando, en 1955, los veteranos entregamos nuestros Tres Legados al movimiento en su totalidad, sentí la nostalgia por los días de antaño curiosamente mezclada con gratitud por el grandioso día que ahora estaba viviendo. Ya no tendría que actuar ni decidir por A.A. ni protegerla.

Por un instante, me asaltó el temor al inminente cambio. Pero este temor se disipó rápidamente. Se podía depender de la conciencia de Alcohólicos Anónimos dirigida por la orientación de Dios para asegurar el futuro de A.A. Claro que de allí en adelante me correspondía a mí dejarlo y dejarle a Dios que lo hiciera.

A.A. LLEGA A SU MAYORIA DE EDAD
1. pág. 139
2. págs. 46, 48

Una Salida de la Depresión

"Mientras sufras una depresión aguda, no trates de poner tu vida en orden toda de un golpe. Si asumes cometidos tan pesados que sin duda en ese momento fallarás en cumplir, estás permitiendo que tu inconsciente te engañe. Asi seguirás asegurando el fracaso, y cuando fracases, tendrás otro pretexto para retirarte aún más en la depresión.

"En pocas palabras, la actitud de 'todo o nada' es muy destructiva. Lo mejor es empezar con el mínimo irreducible de actividad, y luego tratar de ampliarlo, día por día. No te desconciertes por los contratiempos — vuelve a empezar".

CARTA, 1960

309

Axioma Espiritual

Es axiomático que cada vez que nos sentimos trastornados, sea cual sea la causa, hay algo que anda
mal en nosotros. Si alguien nos ofende y nos enfa-
damos, también nosotros andamos mal.

Pero, ¿no hay ninguna excepción a esta regla? ¿Y
la ira "justificada"? Si alguien nos engaña, ¿no tenemos derecho a enfadarnos? ¿Acaso no podemos
sentirnos justificadamente airados con la gente hipócrita?

Para nosotros los A.A., éstas son excepciones peligrosas. Hemos llegado a darnos cuenta de que la
ira justificada debe dejarse a gente mejor capacita-
da que nosotros para manejarla.

Aprender a Confiar

Todo nuestro programa de A.A. descansa en el principio de la mutua confianza. Confiamos en Dios, confiamos en A.A. y confiamos los unos en los otros. Por lo mismo, confiamos en nuestros líderes de servicio mundial. El "Derecho de Decisión" que les ofrecemos no es únicamente un medio práctico por el cual pueden ellos actuar y dirigir efectivamente, sino que es también el símbolo de nuestra confianza implícita.

* * * * *

Si, al llegar a A.A., no tienes convicción religiosa, si quieres, puedes hacer de A.A., e incluso de tu grupo de A.A., tu "Poder Superior". Aquí tienes un grupo grande de gente que ha resuelto su problema con el alcohol. En este sentido, constituye sin duda un poder superior a ti, ya que tú ni siquiera te has aproximado a encontrar una solución. Incluso este mínimo de fe será suficiente.

Vas a encontrar a muchos miembros que han cruzado el umbral exactamente así. Todos te dirán que, una vez que lo cruzaron, su fe se amplió y se profundizó. Liberados de la obsesión del alcohol, con sus vidas inexplicablemente transformadas, llegaron a creer en un Poder Superior, y la mayoría de ellos empezaron a hablar de Dios".

1. DOCE CONCEPTOS, págs. 20-21
2. DOCE Y DOCE, pág. 25

Contando lo Peor

Aunque había numerosas variaciones, mi tema principal era, "¡Qué mala persona soy!" Como la soberbia me había hecho magnificar mis humildes logros, así también la culpabilidad me hacía exagerar mis defectos. Iba corriendo por aquí y por acá, confesándolo todo (y mucho más) a quien me escuchara. Por extraño que parezca, creía que, al actuar así, estaba manifestando una gran humildad, y la consideraba como mi única y última virtud y consolación.

Más tarde, llegué a ser profundamente consciente de que yo nunca sentía la menor lástima legítima por los daños que había causado a otros. Estos episodios únicamente me servían como ocasión de contar historias y de ser exhibicionista. Con esta comprensión, me vino el comienzo de cierta humildad.

La Tolerancia nos Mantiene Sobrios

"La honradez con nosotros mismos y con los demás nos deja alcanzar la sobriedad, pero la tolerancia es la que nos mantiene sobrios.

"La experiencia demuestra que son contados los alcohólicos que se mantienen alejados de un grupo únicamente porque no les gusta cómo se dirige. La mayoría vuelven y se adaptan a las condiciones que tengan que aceptar. Otros van a otro grupo o forman uno nuevo.

"En otras palabras, una vez que un alcohólico se da perfecta cuenta de que no puede recuperarse a solas, encontrará alguna manera de reponerse y mantenerse bien en compañía de otros. Así ha sido desde los comienzos de A.A., y probablemente será así para siempre".

CARTA, 1943

Por Fin a la Luz del Sol

Cuando se expresaba la idea de que podía haber un Dios que para mí fuese personal, ésta no me agradaba. Entonces mi amigo Ebby hizo lo que entonces parecía una sugerencia original. Me dijo: "¿Por qué no escoges tu propio concepto de Dios?"

Esto me llegó muy hondo; derritió la montaña de hielo intelectual a cuya sombra había vivido y tiritado muchos años. Por fin me daba la luz del sol.

* * * * *

Puede que sea posible explicar las experiencias espirituales, tales como nosotros las hemos conocido, pero yo a menudo he tratado de explicar la mía propia y sólo he logrado contar la historia de la experiencia. Yo sé como me hizo sentir y los resultados que ha conllevado, pero me doy cuenta de que nunca lograré entender su más profundo cómo y porqué.

1. ALCOHOLICOS ANONIMOS, pág. 12
2. A.A. LLEGA A SU MAYORIA DE EDAD, pág. 45

Alto y Bajo

Al principio, cuando teníamos muy pocos miembros, tratábamos exclusivamente de casos de bajo fondo. Muchos alcohólicos menos desesperados probaron A.A., pero no les dio resultado porque no podían admitir su impotencia.

En los años siguientes esta situación cambió. Los alcohólicos que todavía conservaban su salud, sus familias, sus trabajos e incluso tenían dos coches en su garaje, empezaron a reconocer su alcoholismo. Según aumentaba esta tendencia, se unieron a ellos jóvenes que apenas se podían considerar alcohólicos en potencia. ¿Cómo iban a dar el Primer Paso personas como ésas?

Al repasar nuestros historiales de bebedores, podíamos demostrar que, años antes de darnos cuenta, ya estábamos fuera de control, que incluso entonces nuestra forma de beber no era un simple hábito, sino que en verdad era el comienzo de una progresión fatal.

Superior a Nosotros Mismos

Si un mero código de moral o una mejor filosofía de la vida fueran suficientes para superar el alcoholismo, muchos de nosotros ya nos hubiéramos recuperado desde hace largo tiempo. Pero descubrimos que tales códigos y filosofías no nos salvaban, por mucho que lo intentáramos. Podíamos desear ser morales, podíamos desear ser confortados filosóficamente; en realidad, podíamos desear todo esto con todas nuestras fuerzas, pero el poder necesario no estaba ahí. Nuestros recursos humanos bajo el mando de nuestra voluntad no eran suficientes; fallaban completamente.

Falta de poder; ese era nuestro dilema. Teníamos que encontrar un poder por el cual pudiéramos vivir, y tenía que ser un Poder superior a nosotros mismos.

ALCOHOLICOS ANONIMOS, págs. 44-45

Nuestro Abrigo Protector

Casi todo periodista que hace un reportaje acerca de A.A. empieza quejándose de lo difícil que es escribir un artículo sin nombres. No obstante, al darse cuenta de que se trata de un grupo de gente a quienes no le importa en absoluto ninguna ventaja personal, pronto se ve dispuesto a dejar pasar esta inconveniencia.

Es probable que esta sea la primera vez en su vida en que haga un reportaje acerca de una organización que no desea ninguna publicidad personal. Por cínico que sea, esta sinceridad patente le convierte inmediatamente en un amigo de A.A.

* * * * *

Animados por el espíritu de anonimato, nos esforzamos por abandonar nuestros deseos naturales de distinguirnos personalmente como miembros de A.A., tanto entre nuestros compañeros alcohólicos como ante el público en general. Al poner a un lado estas aspiraciones eminentemente humanas, creemos que cada uno de nosotros participa en tejer un manto protector que cubre toda nuestra Sociedad y bajo el cual podemos desarrollarnos y trabajar en unidad.

1. GRAPEVINE, Marzo de 1946
2. DOCE Y DOCE, pág. 182

Una Visión Más Allá del Presente

Visión es, creo yo, la habilidad de hacer buenos proyectos, tanto para el futuro inmediato como para el futuro remoto. Algunos pueden considerar esta clase de empeño como una cierta herejía contra "Un día a la vez". Pero este valioso principio realmente se refiere a nuestras vidas mentales y emocionales y significa principalmente que no debemos afligirnos locamente por el pasado ni fantasear o soñar despiertos sobre nuestro futuro.

Como individuos y como Comunidad, sin duda sufriremos si le dejamos a una fatua idea de la Providencia todo el trabajo de planificar para el día de mañana. La verdadera Providencia Divina nos ha dotado a nosotros, los seres humanos, con una considerable capacidad de preveer, y Dios, evidentemente, espera que la usemos. Por supuesto, a menudo calcularemos mal el futuro, por completo o en parte, pero aun en ese caso, esto será mucho mejor que negarnos del todo a pensar.

318

El Perdón

Por medio de este Paso vital, empezamos a sentir que podríamos ser perdonados, sin importar cuales hubieran sido nuestros pensamientos o nuestros actos.

Muchas veces, mientras practicábamos este Paso con la ayuda de nuestros padrinos o consejeros espirituales, por primera vez nos sentimos capaces de perdonar a otros, fuera cual fuera el daño que creíamos que nos habían causado.

Nuestro inventario moral nos dejó convencidos de que lo deseable era el perdón general, pero hasta que no emprendimos resueltamente el Quinto Paso, no llegamos a saber en nuestro fuero interno que podríamos recibir el perdón y también concederlo.

Dos Autoridades

Mucha gente se pregunta cómo A.A. puede funcionar en una anarquía aparente. Otras sociedades necesitan tener leyes, sanciones, regulaciones y castigo, administrados por personas autorizadas. Felizmente para nosotros, descubrimos que no tenemos necesidad de autoridad humana. Nosotros tenemos dos autoridades que son mucho más efectivas, la una benigna, la otra maligna.

Tenemos a Dios, nuestro Padre, quien en forma muy simple nos dice: "Espero que cumplas mi voluntad". La otra autoridad se llama Alcohol que nos dice: "O cumples la voluntad de Dios o te mato".

* * * * *

Las Tradiciones de A.A., no son reglas, reglamentos ni leyes. Las obedecemos gustosamente porque debemos y porque queremos hacerlo. Tal vez el secreto de su poder se deriva del hecho de que estas comunicaciones vivificadoras brotan de la experiencia vivida y tienen sus raíces en el amor.

1. A.A. LLEGA A SU MAYORIA DE EDAD, pág. 105
2. A.A. HOY EN DIA

Dirigiendo Todo el Espectáculo

La mayoría de la gente trata de vivir por "autopropulsión". Cada persona es como un actor que quiere dirigir todo el espectáculo; que siempre está tratando de arreglar luces, el ballet, el escenario y los demás actores según sus propias ideas. Si las cosas quedaran como él quiere y las personas hicieran lo que él desea, el espectáculo resultaría magnífico.

¿Qué es lo que generalmente pasa? El espectáculo no sale muy bien. Admitiendo que en parte puede estar errado, está seguro de que otros son más culpables. Se encoleriza, se indigna y se llena de autoconmiseración.

¿No es un individuo que busca para sí mismo aun cuando está tratando de ser útil? ¿No es víctima de la ilusión de que puede arrancarle satisfacciones y felicidad a este mundo, si lo hace bien?

ALCOHOLICOS ANONIMOS, págs. 60-61

Los Resultados de la Oración

El escéptico, a medida que persiste en el experimento de rezar, empieza a apuntar los resultados. Si persevera, es casi seguro que encontrará mayor serenidad, mayor tolerancia, menos temor y menos ira. Llegará a tener un valor tranquilo, del tipo que no le produce ninguna tensión. Puede ver los llamados fracasos y éxitos por lo que realmente son. Los problemas y las calamidades empezarán a cobrar el significado de instrucción, en lugar de destrucción. Se sentirá más libre y más cuerdo.

Se volverá risible la idea de que, por autosugestión, pueda haber estado hipnotizándose a sí mismo. Tendrá un sentimiento cada vez más intenso del camino que ha de seguir y de la meta que ha de perseguir. Empezarán a esfumarse sus tensiones e inquietudes. Es probable que vaya mejorando su salud física. Empezarán a sucederle cosas maravillosas y extrañas. Inexplicablemente, mejorarán las relaciones retorcidas dentro de su ámbito familiar y con el mundo exterior.

Hazlo con Calma — Pero Hazlo

Nuestro talento para dejarlo todo para mañana no es sino una variedad de la pereza.

* * * * *

"Según lo que he observado, algunas personas pueden arreglárselas con algo de demora, pero son pocos los que pueden vivir con una rebeldía absoluta".

* * * * *

"Hemos logrado presentar a muchísimos bebedores problema la alternativa terrible, 'Esto lo hacemos los A.A., o morimos'. Una vez que la tiene fijada en su mente, el beber más únicamente aprieta el nudo.

"Como muchos alcohólicos han dicho, 'llegué al punto en que, o entraba en A.A. o salía por la ventana. Así que aquí estoy'".

1. DOCE Y DOCE, pág. 64
2. CARTA, 1952
3. CARTA, 1950

323

Buscando a Tientas a Dios

"Creo que los alcohólicos, más que la mayoría de la gente, quieren saber quiénes son, lo que significa esta vida, si tienen un origen divino y un destino asignado y si existe un sistema universal de justicia y amor.

"Es la experiencia de muchos de nosotros en las primeras etapas de nuestras carreras de bebedores el sentir como si hubiéramos vislumbrado lo Absoluto, un fuerte sentimiento de identificación con el cosmos. Aunque estos vislumbres y sentimientos tienen sin duda su validez, son retorcidos y, finalmente, borrados por el daño químico, espiritual y emocional producido por el alcohol.

"En A.A., así como en muchos enfoques religiosos, los alcohólicos encuentran mucho más de lo que meramente vislumbraron y sintieron mientras buscaban a Dios a tientas a través del alcohol".

CARTA, 1960

La Espiritualidad y el Dinero

Algunos de nosotros aún preguntamos: "¿Qué es precisamente este asunto del Tercer Legado? Y, ¿cuál es la legítima extensión de la 'acción de servicio'?"

Empecemos con mi padrino, Ebby. Al enterarse de lo grave que era mi problema con la bebida decidió visitarme. Él estaba en Nueva York; yo estaba en Brooklyn. No era suficiente decidir hacerlo; tuvo que pasar a la acción y gastar dinero.

Me llamó por teléfono y luego subió en el tren subterráneo; costo total, diez centavos. Al nivel de la cabina de teléfono y de la taquilla del tren, el dinero y la espiritualidad empezaron a mezclarse. El uno sin la otra habría llegado a nada en absoluto.

En ese mismo momento Ebby sentó el principio de que A.A. en acción exige un sacrificio de mucho tiempo y poco dinero.

La Humildad Trae Consigo la Esperanza

Ahora que ya no frecuentamos más los bares y los burdeles; ahora que llevamos a casa nuestra paga; ahora que participamos activamente en A.A., y ahora que la gente nos felicita por este progreso — naturalmente, empezamos a felicitarnos a nosotros mismos. No obstante, huelga decir que todavía nos encontramos muy lejos de la humildad.

* * * * *

Debemos estar dispuestos a intentar conseguir, por medio de la humildad, la eliminación de nuestros defectos, al igual que hicimos cuando admitimos que éramos impotentes ante el alcohol y llegamos a creer que un Poder superior a nosotros mismos podría devolvernos el sano juicio.

Si ese grado de humildad podía hacernos posible encontrar la gracia suficiente para desterrar tan mortal obsesión, entonces cabe esperar los mismos resultados respecto a cualquier problema que podamos tener.

1. GRAPEVINE, Junio de 1961
2. DOCE Y DOCE págs. 73-74

Crítica Bienvenida

"Muchas gracias por su carta de crítica. Estoy seguro que si no hubiera sido por sus fuertes críticas, A.A. habría hecho un progreso más lento.

"He logrado tener en alta estima a la gente que me ha criticado, ya sea que parezcan críticos razonables o irrazonables. Ambos a menudo me han refrenado de hacerlo peor de lo que hice. Los irrazonables me han enseñado, espero, a tener un poco de paciencia. Pero los razonables siempre han prestado un buen servicio a toda la Comunidad — y a mí me han enseñado multitud de lecciones valiosas".

CARTA, 1955

Tres Alternativas

El objetivo inmediato de nuestra búsqueda es la sobriedad — el ser libres del alcohol y de todas sus consecuencias funestas. Sin esta liberación, no tenemos nada.

Paradójicamente, no podemos liberarnos de la obsesión del alcohol hasta que no estemos dispuestos a enfrentarnos con esos defectos de carácter que nos han llevado a esta desesperada situación. En esta búsqueda de la libertad, siempre se nos han dado tres alternativas.

Una rebelde negativa a intentar remediar nuestros más acusados defectos puede significar nuestra perdición. Podemos mantenemos sobrios por algún tiempo con un mínimo de mejora de nuestro carácter y contentarnos con una cómoda pero a veces peligrosa mediocridad. O podemos esforzarnos continuamente por conseguir esas excelentes cualidades que pueden conducir a la verdadera grandeza de espíritu y acción — a una auténtica y duradera libertad bajo Dios.

328

Una Providencia Nueva

Cuando trates con un candidato inclinado al agnosticismo o al ateísmo, es mejor que uses un lenguaje corriente para describir principios espirituales. No hay necesidad de suscitar ningún prejuicio que pueda tener él contra ciertos términos y conceptos teológicos acerca de los cuales puede estar confundido. No provoques discusiones de esta índole, cualesquiera que sean tus convicciones.

* * * * *

Cada hombre y cada mujer que se ha unido a A.A. con intención de quedarse con nosotros, ya ha comenzado a practicar, sin darse cuenta, el Tercer Paso. ¿No es cierto que en todo lo que se refiere al alcohol, cada uno de ellos ha decidido poner su vida al cuidado, y bajo la protección y orientación de Alcohólicos Anónimos?

Ya ha logrado una buena disposición para expulsar su propia voluntad y sus propias ideas acerca del problema del alcohol y adoptar, a cambio, las sugeridas por A.A. Si esto no es entregar su voluntad y su vida a una Providencia recién encontrada, entonces, ¿qué es?

1. ALCOHOLICOS ANONIMOS, pág. 93
2. DOCE Y DOCE, pág. 33

¿Según Nuestro Parecer?

Cuando rezamos, la tentación inmediata será la de pedir soluciones específicas a problemas específicos, así como la capacidad para ayudar a otra gente de acuerdo con nuestro concepto de cómo se debe hacer. En este caso, estamos pidiendo a Dios que obre a nuestra manera. Por lo tanto, debemos considerar cada petición cuidadosamente para poder apreciarla según sus verdaderos méritos.

Aun así, al hacer cualquier petición específica, nos convendrá añadir las palabras: "...si esa es Tu voluntad".

330

Madurar

Estos deseos adolescentes de aprobación incondicional, seguridad total, y amor perfecto que tantos de nosotros tenemos —deseos completamente apropiados a la edad de 17 años— resultan crearnos una forma de vida imposible de vivir a la edad de 47 ó 57 años.

Desde que empezó A.A., yo he sufrido tremendos golpes en todas estas esferas debido a no haber madurado emocional y espiritualmente.

* * * * *

A medida que nos desarrollamos espiritualmente, nos damos cuenta de que nuestras viejas actitudes hacia nuestros instintos tienen que pasar por una transformación drástica. Nuestros deseos de seguridad emocional y de riqueza, de poder y prestigio personal, de relaciones sentimentales y de satisfacciones familiares — todos estos deseos tienen que ser templados y reorientados. Hemos llegado a reconocer que la satisfacción de nuestros instintos no puede ser el único objetivo y fin de nuestra vida. Si anteponemos nuestros instintos a todo lo demás, hemos empezado la casa por el tejado, y nos veremos arrastrados hacia atrás, hacia la desilusión. Pero cuando estamos dispuestos a anteponer a todo el desarrollo espiritual — entonces y sólo entonces, tenemos una verdadera posibilidad de crecer y cultivar una conciencia sana y el auténtico amor.

1. GRAPEVINE, Enero de 1958
2. DOCE Y DOCE, pág. 112

La Gran Realidad

Nos damos cuenta de lo poco que sabemos. Dios constantemente nos revelará más, a ti y a nosotros. Pídele a El en tu meditación por la mañana, que te inspire lo que puedes hacer ese día por el que todavía está enfermo. Recibirás la respuesta si tus propios asuntos están en orden.

Pero, obviamente, no se puede transmitir algo que no se tiene. Ocúpate, pues, de que tu relación con El ande bien y grandes acontecimientos te sucederán a ti y a infinidad de otros. Esta es para nosotros la Gran Realidad.

Al recién llegado:

Entrégate a Dios, tal como tú Lo concibes. Admite tus faltas ante El y ante tus semejantes. Limpia de escombros tu pasado. Da con larguoza de lo que has encontrado y únete a nosotros. Estaremos contigo en la Comunidad del Espíritu, y seguramente te encontrarás con algunos de nosotros cuando vayas por el camino del destino feliz.

Dios te bendiga y conserve hasta entonces.

Yo Soy Responsable...

Cuando cualquiera, dondequiera que esté,
extienda su mano pidiendo ayuda,
quiero que la mano de A.A. esté allí.
Y por esto: yo soy responsable.

—DECLARACIÓN DE LA CONVENCIÓN
INTERNACIONAL DEL XXX ANIVERSARIO, 1965

* * * * *

Queridos amigos:

Desde 1938, la mayor parte de mi vida de A.A, ha sido dedicada a ayudar a crear, diseñar, dirigir y asegurar la solvencia y la eficacia de los servicios mundiales de A.A., cuya oficina ha posibilitado que nuestra Comunidad funcione en todo el orbe, y como una totalidad unificada.

No es una exageración decir que, bajo los custodios, estos servicios de tan alta importancia han sido responsables de una gran parte de nuestro desarrollo actual y de nuestra eficacia global.

La Oficina de Servicios Generales es, con mucho, la mayor portadora del mensaje de A.A. Ha logrado relacionar A.A. acertadamente con el mundo turbulento donde vivimos. Ha fomentado la difusión de nuestra Comunidad por todas partes. A.A. World Services, Inc. está lista y dispuesta a responder a las necesidades especiales de todo grupo o individuo aislado, sea cual sea la distancia o lenguaje.

Sus experiencias acumuladas en el curso de muchísimos años están a disposición de todos nosotros.

Los miembros de nuestro fideicomiso —la Junta de Servicios Generales de A.A.— serán en el futuro nuestros principales líderes en todos nuestros asuntos mundiales. Ya hace mucho tiempo, esta gran responsabilidad ha sido delegada en ellos; en los servicios mundiales, son los sucesores del Dr. Bob y míos, y son directamente responsables ante A.A. en su totalidad.

Este es el legado de la responsabilidad de servicios mundiales que nosotros los antiguos que vamos desapareciendo, pasamos a ustedes los A.A. de hoy y de mañana. Estamos seguros de que protegerán, sostendrán y cuidarán este legado mundial, apreciándolo como la responsabilidad colectiva más grande que A.A. tiene o podrá tener.

Con confianza y afecto

Bill

Bill W. murió el 24 de enero de 1971.

LOS DOCE PASOS

1. Admitimos que éramos impotentes ante el alcohol, que nuestras vidas se habían vuelto ingobernables.

2. Llegamos a creer que un Poder superior a nosotros mismos podría devolvernos el sano juicio.

3. Decidimos poner nuestras voluntades y nuestras vidas al cuidado de Dios, como nosotros lo concebimos.

4. Sin temor hicimos un minucioso inventario moral de nosotros mismos.

5. Admitimos ante Dios, ante nosotros mismos, y ante otro ser humano, la naturaleza exacta de nuestros defectos.

6. Estuvimos enteramente dispuestos a dejar que Dios nos liberase de todos estos defectos de carácter.

7. Humildemente le pedimos que nos liberase de nuestros defectos.

8. Hicimos una lista de todas aquellas personas a quienes habíamos ofendido y estuvimos dispuestos a reparar el daño que les causamos.

9. Reparamos directamente a cuantos nos fue posible el daño causado, excepto cuando el hacerlo implicaba perjuicio para ellos o para otros.

10. Continuamos haciendo nuestro inventario personal y cuando nos equivocábamos lo admitíamos inmediatamente.

11. Buscamos a través de la oración y la meditación mejorar nuestro contacto consciente con Dios, como nosotros lo concebimos, pidiéndole solamente que nos dejase conocer su voluntad para con nosotros y nos diese la fortaleza para cumplirla.

12. Habiendo obtenido un despertar espiritual como resultado de estos Pasos, tratamos de llevar el mensaje a los alcohólicos y de practicar estos principios en todos nuestros asuntos.

LAS DOCE TRADICIONES

1. Nuestro bienestar común debe tener la preferencia; la recuperación personal depende de la unidad de A.A.

2. Para el propósito de nuestro grupo sólo existe una autoridad fundamental: un Dios amoroso tal como se exprese en la conciencia de nuestro grupo. Nuestros líderes no son más que servidores de confianza. No gobiernan.

3. El único requisito para ser miembro de A.A. es querer dejar de beber.

4. Cada grupo debe ser autónomo, excepto en asuntos que afectan a otros grupos de A.A. o a A.A. considerado como un todo.

5. Cada grupo tiene un solo objetivo primordial: llevar el mensaje al alcohólico que aún está sufriendo.

6. Un grupo de A.A. nunca debe respaldar, financiar o prestar el nombre de A.A. a ninguna entidad allegada o empresa ajena, para evitar que los problemas de dinero, propiedad y prestigio nos desvíen de nuestro objetivo primordial.

7. Todo grupo de A.A. debe mantenerse completamente a sí mismo, negándose a recibir contribuciones de afuera.

8. A.A. nunca tendrá carácter profesional, pero nuestros centros de servicio pueden emplear trabajadores especiales.

9. A.A. como tal nunca debe ser organizada, pero podemos crear juntas o comités de servicio que sean directamente responsables ante aquellos a quienes sirven.

10. A.A. no tiene opinión acerca de asuntos ajenos a sus actividades; por consiguiente su nombre nunca debe mezclarse en polémicas públicas.

11. Nuestra política de relaciones públicas se basa más bien en la atracción que en la promoción; necesitamos mantener siempre nuestro anonimato personal ante la prensa, la radio y el cine.

12. El anonimato es la base espiritual de todas nuestras Tradiciones, recordándonos siempre anteponer los principios a las personalidades.

LOS DOCE CONCEPTOS (Forma corta)

1. La responsabilidad final y la autoridad fundamental de los servicios mundiales de A.A. deben siempre residir en la conciencia colectiva de toda nuestra Comunidad.

2. La Conferencia de Servicios Generales se ha convertido, en casi todos los aspectos, en la voz activa y la conciencia efectiva de toda nuestra Comunidad en sus asuntos mundiales.

3. Para asegurar su dirección eficaz, debemos dotar a cada elemento de A.A. — la Conferencia, la Junta de Servicios Generales, y sus distintas corporaciones de servicio, personal directivo, comités y ejecutivos — de un "Derecho de Decisión" tradicional.

4. Nosotros debemos mantener, a todos los niveles de responsabilidad, un "Derecho de Participación" tradicional, ocupándonos de que a cada clasificación o grupo de nuestros servidores mundiales les sea permitida una representación con voto, en proporción razonable a la responsabilidad que cada uno tenga que desempeñar.

5. En toda nuestra estructura de servicio mundial, un "Derecho de Apelación" tradicional debe prevalecer, asegurándonos así que se escuche la opinión de la minoría, y que las peticiones de rectificación de los agravios personales sean consideradas cuidadosamente.

6. La Conferencia reconoce también que la principal iniciativa y la responsabilidad activa en la mayoría de estos asuntos, debe ser ejercida en primer lugar por los miembros custodios de la Conferencia, cuando ellos actúan como la Junta de Servicios Generales de Alcohólicos Anónimos.

7. La Carta Constitutiva y los Estatutos son instrumentos legales, y los custodios están, por consiguiente, totalmente autorizados para administrar y dirigir todos los asuntos de servicios. La Carta de la Conferencia en sí misma no es un instrumento legal; se apoya en la fuerza de la tradición y en las finanzas de A.A. para su eficacia.

8. Los Custodios son los principales planificadores y administradores de los grandes asuntos de política y finanzas globales. Con respecto a nuestros servicios constantemente activos e incorporados separadamente, los Custodios, como síndicos fiscales, ejercen una función de supervisión administrativa, por medio de su facultad de elegir a todos los directores de estas entidades.

9. Buenos directores de servicio en todos los niveles son indispensables para nuestro funcionamiento y seguridad en el futuro. La dirección básica del servicio mundial que una vez ejercieron los fundadores de Alcohólicos Anónimos, tiene necesariamente que ser asumida por los Custodios.

10. A cada responsabilidad de servicio, le debe corresponder una autoridad de servicio equivalente, y el alcance de tal autoridad debe estar siempre bien definido.

11. Los Custodios deben siempre contar con los mejores comités permanentes y con directores de las corporaciones de servicio, ejecutivos, personal de oficina y consejeros bien capacitados. La composición, cualidades, procedimientos de iniciación y derechos y obligaciones serán siempre asuntos de verdadero interés.

12. La Conferencia cumplirá con el espíritu de las Tradiciones de A.A., teniendo especial cuidado de que la Conferencia nunca se convierta en sede de peligrosa riqueza o poder; que fondos suficientes para su funcionamiento, más una reserva adecuada, sean su prudente principio financiero, que ninguno de los miembros de la Conferencia sea nunca colocado en una posición de autoridad desmedida sobre ninguno de los otros, que se llegue a todas las decisiones importantes por discusión, votación y, siempre que sea posible, por unanimidad substancial; que ninguna actuación de la Conferencia sea punitiva a personas, o una incitación a controversia pública, que la Conferencia nunca deba realizar ninguna acción de gobierno autoritaria, y que como la Sociedad de Alcohólicos Anónimos, a la cual sirve, la Conferencia en sí misma siempre permanezca democrática en pensamiento y en acción.